U0360780

柳百新 口述　牛晓彦 整理

八十八载春秋转瞬一挥间

柳百新院士的人生轨迹

清华大学出版社
北京

内 容 简 介

本书是材料科学家柳百新的传略。从柳氏举家"沪漂"谋发展讲起，记录了柳百新不同寻常的求学成长经历：清华毕业后留校进行教学科研工作，改革开放后出国做访问学者，几十年如一日的专注与热爱，攻克一个个科学难题，成为让人仰慕的大学者。

本书从多方面为我们展示了一个丰富而立体的科学家形象，分为求学成长篇、教学科研篇、导师篇、服务篇、会议篇、邀请报告篇、奖励篇、论文篇，还有外一篇：科学与多元文化的融合。读者可通过阅读去深入了解一位学者不同凡响的人生。

图书在版编目（CIP）数据

八十八载春秋转瞬一挥间：柳百新院士的人生轨迹 / 柳百新口述；牛晓彦整理.— 北京：清华大学出版社，2024.5

ISBN 978-7-302-66285-3

Ⅰ.①八… Ⅱ.①柳… ②牛… Ⅲ.①柳百新—事迹 Ⅳ.①K826.16

中国国家版本馆CIP数据核字（2024）第096672号

责任编辑：鲁永芳
封面设计：常雪影
责任校对：王淑云
责任印制：宋 林

出版发行：清华大学出版社
　　　　网　　　址：https://www.tup.com.cn, https://www.wqxuetang.com
　　　　地　　　址：北京清华大学学研大厦A座　　　邮　　编：100084
　　　　社 总 机：010-83470000　　　　　　　　邮　　购：010-62786544
　　　　投稿与读者服务：010-62776969，c-service@tup.tsinghua.edu.cn
　　　　质量反馈：010-62772015，zhiliang@tup.tsinghua.edu.cn
印 装 者：三河市龙大印装有限公司
经　　销：全国新华书店
开　　本：170mm×240mm　　　印　　张：13.5　　　字　　数：174千字
版　　次：2024年5月第1版　　　　　　　　　　印　　次：2024年5月第1次印刷
定　　价：119.00元

产品编号：101142-01

柳百新

清华大学材料学院教授，中国科学院院士

序言

　　获悉我弟弟百新院士人生轨迹的新书即将出版,特为百新写序言。

　　童年时,父母及兄、姐、弟一起生活的画面徐徐展开,如在眼前,我与百新当是这世间相伴相知最长的手足了。我们从小在上海的弄堂里一起长大,少年时父母选择最好的学校让我们接受教育。兄弟二人和姐姐一起在中西女中二附小上小学,二人在圣芳济中学上中学,中学时一起担任学生会副主席。1955年我在清华大学刚毕业,就迎来了百新考入清华大学。百新因成绩特别优秀,被挑选到新创办的工程物理系学习。毕业时我们均因表现优秀留校任教。改革开放后于1978年、1981年先后被选送到美国做访问学者,后满怀赤子之心回国,专注于教书育人和学科前沿研究。我们在清华园已度过了将近70个年头,1999年和2001年先后当选为中国工程院院士及中国科学院院士,在清华园里我们是唯一的"兄弟院士"。

　　我们兄弟二人在漫漫学术人生路上彼此相扶、相伴、相佐。正因为手足情深,我更懂得百新每一步前进路上的不易,也更为他所获得的成就而感到深深的骄傲。本书从多方面为我们展示了一位有血有肉的、丰富而立体的学者形象。

　　百新先后培养了50多位博士。他的创新研究成果及发表的数百篇论文在国内外材料领域学术界获得了高度评价。他先后获国家自然科学奖二等奖和三等奖，以及多项重要奖励。他多次在国际重要学术会议做主题报告或特邀报告，在国际学术界也享有很高的声誉，为祖国赢得了荣誉。百新热爱体育活动，又有丰富多样的业余爱好，有很多动人的故事及真知灼见，都值得大家品读。

最重要的是：我的弟弟百新，他身上具有很多可贵的品质，几十年如一日地埋头苦干、勤劳奋发、勇于创新，值得我们认真学习。

祝贺书稿正式付梓，愿百新院士在健康快乐的路上继续奋进。

柳百成

清华大学教授

中国工程院院士

2024 年元月 1 日　于清华园

目录

绪论

柳氏一门多才俊　奋发好学勤创业

0.1　柳氏举家"沪漂"谋发展　自强艰辛创业初有成

柳百新的祖籍是江苏省武进县（现在是常州市的一个区）。祖父柳文相（1868—1935）是个熟读四书五经且酷爱中医的文化人，因在当地未能得到较好的发展机遇，1915年与祖母刘氏一起带领三儿一女全家来到上海谋求发展。来到上海后，他先后在中国图书公司、商务印书馆任书记校勘（即校对）。当下人们把到北京谋发展的人群称作"北漂"，因此对柳氏一家来说，应算是名副其实的"沪漂"一族。对一个在图书公司担任校对的职员来说，其工资收入是非常微薄的，除了能勉强维持一家六口糊口，实在是没有能力供子女接受完善的教育。但他的子女却个个奋发图强、自力更生，靠自己的劳动和努力工作在各自的工作领域均做出了骄人的成绩。

百新的伯父柳溥庆（1900—1974），经人介绍进入商务印书馆做工，因他具有美术天赋，被书馆的美国顾问推荐去法国里昂美术学院学习，他也因此参加了旅法勤工俭学的队伍，并于1926年加入了中国共产党，后转到苏联莫斯科中山大学学习数年。新中国成立后，他出任财政部总工程师，负责创建了印钞技术研究所，并担任第一任所长，为新中国自主印制人民币做出了重要贡献，并多次得到中央政府的奖励，被业界公认为20世纪杰出的印刷技术专家。

百新的父亲柳培庆（1903—1979），自幼勤奋好学，尤其擅长美术。他初到上海后，先在中华书局做工，后经人推荐，年仅16岁的他只身离开上海远去北平（现在的北京）学习铜版雕刻手艺，师从留学日本归来的名师沈逢吉先生。三年时间，他居住在城南牛街的一座寺庙附近，每天步行去位于白纸坊的原国民政府财政部印刷局（今北京541厂）学习。期满返回上海，在中华书局印刷厂的雕刻部工作，开始时任技工，不久即晋升为技师。1935年，他离开了中华书局，独立创建了"华东柳培庆美术雕刻事务所"。

百新的姑姑柳静（1906—1993），是一位具有很强独立意识的女性，年轻时因承担全家日常的家务而耽误了上学，后来靠半工半读完成了学业。为了回报社会，毕业后她在义务教学的学校当老师。姑夫吴朗西先生（1904—1992）出生在四川开县，曾留学日本，中日战争爆发后，毅然放弃学历，回到上海与姑姑一起创办了文化生活出版社。他们特聘请了巴金担任主编，主要出版进步书籍，以此来唤醒中华民众抗日救国的意识。其中包括多部鲁迅的作品，巴金的《家》《春》《秋》，以及许多外国名著的中译本，等等。

百新的三叔柳长庆（1908—1989），自幼勤奋好学，毕生从事印刷行业，为推进上海早期印刷行业的发展，特别是创立彩色照相制版工艺做出了重要贡献。

1942 年柳氏家人全体合影

后排右起第六位是父亲柳培庆（又名柳荫），中排坐在偏左戴眼镜的一位是母亲戎悦礼，中排站立最右边的一位是大哥柳小培（家族名百寿），第一排左起第三到第一位是姐姐柳百敏、二哥柳百成、柳百新，后排柳培庆右边的三位是堂伯父柳余庆、伯父柳溥庆、三叔柳长庆

0.2　父母情深重教育　欢乐和谐一家人

柳百新于 1935 年 6 月 10 日出生在上海市。他出生时父亲柳培庆已经是一位造诣很高的铜版雕刻师，专门为凹版印刷技术中印制钞票、证券等重要印刷品雕刻作为母版的铜版。他工作非常认真，技术上精益求精。母亲戎悦礼（1909—1991）原籍浙江省宁波市，幼年时随外公和外婆以及两个弟弟一起来到上海谋发展。她是一位普通而善良的女性，勤俭持家，悉心养育儿女，并不遗余力地辅助父亲创业。

百新是父母的第四个孩子，上有大哥小培（1928— ）、大姐百敏（1931—2022）和二哥百成（1933— ）。百新出生的时候，正是父亲创业起步的初始阶段，一家六口还没有自己单独的住房，母亲带着百新暂住在外婆家。直到1939年百新4岁时，父亲的创业才有所进展，经济情况有较大改善，在当时上海的法租界拉都路（今襄阳南路）286弄（敦和里）21号包租了一幢住房。这是一座典型的石库门弄堂楼房，单开间共三层楼，全家人才团团圆圆住到了一起。这幢楼房的优点是有水厕；缺点是供水能力较差，夏天用水高峰时经常会出现供水不足的问题，造成全家人洗澡用水的困难。百新的母亲就买来一个水缸，半夜趁大家用水少的时候接满一缸，以便在缺水时能用上。百新看到母亲为此而不能好好休息，十分辛苦，有一天突然有了一个想法：假如能有一个自动的开关，当水缸接满时自动关闭，那该多好啊。

父亲和母亲小时候由于家庭经济条件所限，都只受过初中阶段的教育，但他们从生活经验中体会到学习文化知识和科学技术的重要性，因此有着非常明确的想法——一定要让孩子们从小接受良好的教育，长大后能够有一技之长而立足于社会。为此，他们决心要把孩子们送到具有优秀教育水准的学校去求学。即使在家庭经济遇到困难的时候，他们宁可紧缩其他开支，甚至借债也要为孩子们及时交上学费。

父母非常注重家庭环境的影响，努力为孩子们营造读书学习的氛围，培养他们从小热爱读书的习惯。他们为孩子们购置了商务印书馆出版的全套500本的小学生文库，并且配置了一个有漂亮玻璃门的书柜，在家中俨然一个相当完备的家庭小图书馆。幼年的百新就读过"孔融让梨"等故事，以及他特别喜欢的《三国演义》。每逢年终寒假期间，母亲还要带孩子们到上海四马路（即福州路）的几家大书店去选购一些有益的图书和教学参考书。

1939—1946 年旧居

　　前三张分别为弄堂大门、旧居前方、旧居后门照片，第四张为 2012 年柳百新重回旧居留影。巴金 1936 年曾住在上海市拉都路敦和里 21 号，在那里写作小说《春》等著作。同一弄堂里还住着一位当时尚未成名的电影明星王丹凤

幸福一家六人迁入独立住房后，父亲、母亲以及四个孩子的留影（1942）

6

在父母的言传身教下，孩子们个个勤奋好学，力求上进，成年后在各自的岗位上都做出了应有的贡献。大哥小培高中毕业于原上海震旦大学附中，该校的第一外语是法语，第二外语是英语。他于1947年新中国成立前加入了中国共产党。新中国成立后，被分配到北京外国语学院工作，担任法语教员。后因工作需要，参与筹建了西班牙系。1958—1963年，被派往智利进修西班牙语和拉美文学。改革开放后，曾担任西班牙系主任，为新中国培养了一批西班牙语人才。在风风雨雨的几十年中，他全心全意为人民服务的精神，为百新树立了为人的榜样。大姐百敏对幼年时体弱的小弟百新，在生活中总是特别照顾。她毕业于上海外国语学院俄语系，但长期从事的是她热爱的体育事业。20世纪50年代，她作为运动员，曾获得"全国大中城市田径比赛"的跳远金牌。之后改任体育教练员，培养出获得亚运会女子跳远金牌的运动员。她年龄大了后从事体育科研工作，从上海市体育科研所退休。二哥百成比百新大两岁，他们从小同上一所小学，之后上的是同一所中学和大学。先后从清华大学毕业后留校任教，从助教一直做到教授和博士生导师。1999 年和 2001 年，兄弟两人分别当选为中国工程院院士和中国科学院院士。在清华园里是唯一的一对"兄弟院士"，也被戏称为清华园里的"哥俩好"。

　　1946 年，百新父亲创办的印刷厂有了较好的发展，因此决定全家搬迁，新住处在上海静安区常德路（愚园路口）240 弄（春平坊）1 弄 1 号。这也是一幢典型的上海石库门结构的楼房，三上三下两层楼。全家居住在二楼的两个厢房间，中间是客堂，加上几间辅助用房。一楼用作父亲创办的新中国橡胶印刷厂的车间，主要经营平板彩色印刷的业务。1947 年年末，全家又欣喜地添了一个小弟弟百林（1947—）。百林和百新的年龄相差了整整一轮，因此百新在家中做了 12 年的么儿，独享了父母兄长和姐姐的特殊照顾与关爱。百林高中毕业于 1966 年，遭遇了 10 多年无学可上的"文化大革命"。改革开放后他通过努力自学，在房地产行业的开发和管理工作中做出了优异成绩，得到业内同行们的赞誉。

　　家庭教育是学校教育和社会教育的基础，起着重要的奠基作用。父母的一言一行、一举一动都在潜移默化地影响着孩子们的成长。百新的父母对孩子们深深的爱体现在对孩子们教育的安排上，从而为孩子们今后的瑰丽人生奠定了坚实的基础。例如，1939 年全家迁居到拉都路一幢包租的住房后，父母经过调研，在百敏和百成上三年级时安排他们转学到三年级就开始教英语的中西女中二附小去读书。

　　回首往事，父亲全身心投入创业，母亲一个人全面主理家务，因此他们很少有放松和休闲的时间。百新记得有几次，父母带孩子们去中山公园玩。当时交通不是那么方便，从老家出发，先乘一趟公交车到静安寺，再换乘一趟双层的公交车才能到达。百新每次都要爬到二层去坐，这样可以看清沿路的景象。中山公园在上海是一个比较大的公园，其中心有一座大理石构建纪念亭，作为全家集合的地方，而这一天总是孩子们玩得最高兴的一天。另外在大的节假日期间，父母亲也会带孩子们去看电影，如白杨和陶金主演的《一江春水向东流》，蓝马和上官云珠主演的《万家灯火》，以及赵丹和黄宗瑛主演的《乌鸦与麻雀》，等等。

古语有云："身修而后家齐，家齐而后国治，国治而后天下平"。"修身、齐家、治国、平天下"是传统中国人根深蒂固的思想。柳百新的全家人乐观豁达、勇于挑战和进取，共同营造了充满爱与欢乐的家庭氛围，这些都在潜移默化中铭刻在百新的心灵深处，对他以后的全面发展和为人处世具有深远的影响。

2005 年，柳百新七十岁生日，柳家五兄妹在北京聚会合影

左起：百林（上海新开发区，房地产项目经理），百新，小培（从北京外国语大学西班牙语系离休），百敏（从上海市体育科研所退休），百成（中国工程院院士）

求学成长篇

第一章

开放式的小学教育　初学英语用心读书

1.1　中西女中二附小　三年级起学英语

1941 年，百新进入中西女中二附小的学前班，二哥和姐姐在该校三年级读书。学校位于上海永嘉路（太原路口）。该校是一个基督教会学校，时任校长是从美国归来的江洁贞女士，其他教师均为女教师，她们的理念是为教育事业而献身，着实令人肃然起敬。学校每周五下午安排由全校师生一起参加的与宗教相关的仪式活动。

中西女中二附小有两个明显的教学特色：一是从三年级起就开设英语课，所用的是校长从美国带回来带彩色插图的原版教材。因为教材数量有限而且非常珍贵，只能在上课时发给学生学习，下课后再收回统一保管。课堂教学生动活泼，教师带领学生朗读课文，所以教的是开口的英语。二是学生的成绩单不按考试成绩排名次，也不在班上公布，而是由班主任教师分别交给每个家长，并向家长介绍学生的优缺

重回中西女中二附小

1941—1946 年，柳百新就读于中西女中二附小，现改名为建襄小学。柳百新有机会回上海时，都会到这里去看望

1945 年，姐姐百敏、二哥百成在中西女中二附小毕业时的留影

第三排右起第四位是百敏，第二排右边第一位是百成。当年百新是三年级学生

点。这样就淡化了竞争的意识，也减轻了学生在学习中的压力。对于初小的学生们来说，这个阶段正是他们心智和身体成长的时期，应该快乐无忧地生活、玩耍和读书学习。

学校每周二下午安排有全校学生的文娱表演活动，学生们按班级排队进入礼堂，同时有一位学生弹奏钢琴的入场曲，每次弹琴的是百新同年级的一位女学生顾圣婴（1937—1967）。多年后从媒体得知，1957年她曾在莫斯科第六届世界青年联欢节钢琴比赛中获金质奖章，着实是一位音乐才女。令人可惜的是，"文化大革命"期间，她受到残酷的迫害。1979年她得到了平反昭雪，恢复了名誉。改革开放后，音乐界为她出版了黑胶版的 CD 专辑，被业界赞誉为"天生的肖邦作品演奏家"，确实是一位杰出的钢琴诗人。

1.2 协进女中附小 高小三年第一名

百新在中西女中二附小一直读到三年级，四年级上学期开学不久就因病休学。母亲带百新去请西医大夫方嘉诚博士诊治。因为当年还没有后来发明的特效药"雷米风"，方大夫开的处方是每隔一天打两种补钙的针剂，并建议在家休息静养。1946年，全家已搬迁到静安区常德路240弄（春平坊）1弄1号的新家居住。百新痊愈后需要继续上高小。母亲帮着百新转学，报考的好几所学校都录取了，最后选择了上海私立协进女中附小。协进女中附小在上海也是一所很有名气的学校。学校就在静安区

1954 年年底，姐姐百敏和弟弟百林、百新三人合影

大哥小培 2015 年回访（春平坊）1 弄 1 号

从（春平坊）1 弄 1 号向西望去，就是愚园路起点。这一部分住宅隔断了愚园路与向东去的南阳路之间的连接，近年来被完全拆除，愚园路向东扩展连接上了南阳路。大哥小培 2015 年回上海时，专门到这个家门口照了相，他手指的方向就是——春平坊 1 弄 1 号

13

南京西路 1550 号（常德路口），离新家非常近，从新家向南的窗户望去，就能看到该校四层高的教学楼。协进女中附小与中西女中二附小在教育理念上有许多相同之处，其教学水准和师资水平在当时的上海也属上乘之列。时任校长黄轶如女士也是一名基督教徒，她对学生的各方面都有很高的要求，学校的纪律也相当严格。这所学校也是三年级开始有英语课，与百新已经学过一些英语的基础正好相衔接。著名作家张爱玲也曾就读于协进女中附小，她的故居就在学校西侧马路对面的一座高层公寓大楼里。此外，美中经贸促进会会长贝聿恺先生也曾于 20世纪 50 年代就读于这所学校。更为巧合的是，学校正门南京西路对面有一家"良友点心店"，《永不消逝的电波》中的人民英雄李侠，就是在这个点心店三楼狭小的房间里，用发报机向延安发送了无数条重要的情报。

　　1947 年春节后，百新进入该校成为四年级下学期的一名插班生，开始了他高小的学习。四年级共有两个班，每班约 30 名学生。百新入学时被分配在乙班。从那时起到 1949 年夏，完成了他高小最后两年半的学业。当时的小学教育与现今的情况有些不一样，小学生的负担并不重，并不强调读多少教学辅导材料，也很少有请家庭教师给加课的。就用学校选定的几本教科书，要求学生将小学的基础知识学到手即可，所以大家并不觉得学习是很苦的事情。事实上，最为重要的是，学生要有学习的兴趣，而且培养学生学习的自觉性。百新曾在一次美术课的作业中画过一幅题名为"读书乐"的家庭作业，从中可以反映出他对学习很强的自觉性，以及在学习中追求精益求精的性格吧。此外，他也很用心练习大小楷，高小阶段就写得一手漂亮的大楷，曾临摹过比较优雅的柳公权（柳体）、比较凝重的颜鲁公（颜体），以及（比较像行书的）黄自元的字帖（其中内容还有文天祥的《过零丁洋》中的千古名言：人生自古谁无死？留取丹心照汗青）。五年级时，百新曾参加过全校的大楷比赛，并获得了第一名。

　　在这个学校里，百新有幸结交了一群真诚友好的小朋友，其中有汪家起，他是与百新一同插班进校的；还有张乃光、邓国泰、曹旭沧（同"沧"，cāng）、朱铭章、谢宗汉、吴嶽（同"岳"，yuè）民、朱明权、徐元钟、过定国、孙耀先、贝桐森等。其中有许多小朋友和百新毕业后一起考入了圣芳济中学，以至于后来成了终生的朋友。王勃先生有诗云："海内存知己，天涯若比邻。"一份起源于最纯真的小学和中学时代的同学友情是值得珍惜的。

　　张乃光和百新从四年级下到六年级一直是同班同学，他在回忆起百新进入协进女中附小后给大家留下的印象是："他小小的个子并没有什么与众不同的地方，只是小小年纪就戴了一副玻璃很厚的近视眼镜。同学们对这位新来的伙伴也没有什么特别的感觉。可是到了期末大考

上海协进女中附小

1949 年，百新小学毕业于上海协进女中附小，该校坐落于春平坊 1 弄 1 号的正南方，现在是上海市静安区公安局

后，情况就有了变化，原来一直考第一名的徐元钟同学丢失了这个'宝座'，百新取得了第一名的位置，并保持了五连冠到六年级毕业。"百新的成绩也超过了四年级甲班第一名的女生胡铭丽，之后这位同学高中毕业于上海南洋模范中学，1955 年考入了清华大学的精密仪器系。事实上，百新也是从此时才知道，学生的学习成绩在班级里是排名次的，也才知道自己的成绩排在第一名。但他在心里对自己说：一定不能骄傲自满，而是应该更加努力，学得更好。《尚书·大禹谟》中有言："满招损，谦受益"，百新一直把这句金玉良言牢记在心，用以勉励自己。

当有人问起百新在学习中有何巧妙的想法和方法时，他简单地归纳出两个要点：一是在学习不同类型的课程时，要了解不同课程各自的特点，并采用相应的学习方法。例如，英语，这是需要开口练习的课程，必须多多练习：Practice makes perfect。这样才能在实际中应用。而且，百新认为：对于一个英语单词，能开口读出来，就会多一重记忆。数理化的课程是需要理解其概念，并能灵活应用解决问题。而文史地理等课程，需要加强记忆，读了之后就要把它们留在脑子里。

在考试前复习功课的时候，他经常用自我检查的方法，专门找出自己容易出错的部分，并更加用心地加强复习和练习。此外，在父母的言传身教和教导下，他从小就养成了合理安排时间的生活习惯：每天早睡早起，时间安排有规律。他有两个用来激励自己的座右铭：今日事今日毕；Work while you work, and play while you play. This is the way to be happy and gay. 几十年如一日，至今他一直坚持这样有规律地生活、学习和工作。

也正是这次转学，百新才意识到自己是先天性的近视眼，而且近视的度数还不低。回想起来，在中西女中二附小上学的时候，他的座位是在后排，老师在黑板上写的算术也好，英文也好，他基本上都看不清，就是靠耳朵听老师的讲解和努力地强记，日常的课堂学习就这样勉强地进行。但到了考试就有问题了，因为看不清考试的题目，就没有办法做题。他只能举手要求到第一排的空位上去抄题。父母得知这个情况后，立即带百新去南京东路（现今的行人一条街）的茂昌眼镜公司验光并配了眼镜，百新四年级时就戴上了 400 度的眼镜。之后，随着年龄的增长，他 1955 年高中毕业时达到了 1000 度的高度近视。直到 2013 年，由于眼球中的晶体变得浑浊，接受了先进的白内障手术，裸眼的视力能够达到 0.5，这才让他摘下了戴了 60 多年的很重的眼镜，而且在日常生活中，已经不需要戴度数较低的眼镜了。

1.3　天真无忧的小朋友　隔不断的珍贵友情

柳百新从记事起，经历了抗日战争时期的艰难生活。他幼年时不幸染上了肺疾，在母亲精心的呵护和哥哥姐姐们的照顾下，终于恢复了健康。1946年，全家搬迁到了新家，开始了他在协进女中附小的两年半高小的学业。这两年也正是他从幼年成长到少年的阶段，他和周围的同学相处十分融洽，他们在学习中相互帮助，共同提高。在课余时间里，一起无忧无虑地玩耍和参与文体娱乐活动。小学生玩得较多的是乒乓球和小足球。校内仅有一张乒乓球桌，课间休息时大家就在那里玩耍。为了大家都能轮流参与，比赛采用两分制定胜负，获胜的可以留下来，再和下一位同学进行比赛。校内没有合适的场地玩小足球，他就和张乃光、邓国泰、朱铭章、曹旭滄等几位同学一起，课后到小学隔壁一个比较宽敞的弄堂里去玩，用书包放在场地上当作球门，玩起了三对三的对抗比赛。他和邓国泰还经常一起玩"溜旱冰"，其用具是四个轱辘的"跑冰鞋"，用单脚式时可以跑得快些；而双脚式的难度较大，但可以模仿花样溜冰。有时星期六下午，百新和邓国泰约好一起穿上"跑冰鞋"，一路溜到百新老家附近、比较冷清的太原路上去玩个痛快。玩得尽兴后，再选另一条路线回家，途中会经过汾杨路与另两条马路交叉中心的迷你小花园，那里矗立着一座著名诗人普希金的雕像，在那里稍作休息后再回家。当把"跑冰鞋"脱掉后，两条腿好像轻松到能飞起来，这个感觉真是妙不可言。遗憾的是，"红卫兵"在"文化大革命"期间，把这座普希金雕像当作"四旧"给毁了。20世纪80年代，有关部门又依照原样重新建造了一座。2005年，百新到上海出差期间，又约了几位老同学故地重游，在这个雕像前留了影，作为对美好的少年时代的纪念。

星期日放假时，百新有时会和几个同学一起去看电影。那个年代放映最多的是美国电影。开始时看狄斯耐的卡通片，劳莱与哈台的喜剧片，较容易理解的卓别林的影片，以及埃洛·弗林主演的西部牛仔片，配角中经常有后来当过美国总统的罗纳·里根。

搬入常德路新家后，沿着南京西路向东走，一路上有许多电影院，如平安、美琪、大华、大光明、大上海、国联、新光等。因此，百新有更多的机会与姐姐百敏、二哥百成一起去看各种类型的电影。例如，贾利·古柏和英格丽·褒曼主演的《战地钟声》(*For Whom the Bell Torn*)，劳伦斯·奥立佛主演的《王子复仇记》(莎士比亚的《哈姆雷特》)，费·雯丽和克拉克·盖博主演的彩色影片《飘》(*Gone with the Wind*)，《雾都孤儿》《孤心血泪》(*Great Expectation*)，亨佛莱·鲍格和英格丽·褒曼主演的《北非谍影》(*Casablanca*)，以及斯班塞·特莱赛主演的《怒海余生》等。对于苏联名著改编的电影，如《复活》《父与子》《静静的顿河》《沉默的人》《白痴》等，他们欣赏其摄影艺术、电影的艺术性，以及与原作的相似性。他们也看过几部给人留下很深印象的音乐片。如《一曲难忘》，讲述肖邦和乔治·桑德的故事；《剑胆琴心》，讲述帕格尼尼的故事，以及由著名演员（歌王）平·克劳斯贝和英格丽·褒曼主演的《圣玛丽亚德的钟声》等。日后欣赏音乐也成为百新的一项业余爱好。

18

　　现今百新列出了下面四项重要的业余爱好：阅读、音乐、体育和桥牌。阅读能使人不断学习新的知识和了解高科技的发展。安静轻快的音乐能安抚人们的心灵，而高亢兴奋的音乐能振奋人们努力向上的激情。体育竞赛类的球类活动能提高人们的情商。桥牌也是一个竞赛性体育项目。例如，A 和 B 两队进行比赛，各出四名队员，两名队员合作成一组（partners）；B 队也一样。比赛在两个房间进行，同一副牌在两个房间里的 A 队和 B 队间交换用，最后是看两队得分的"差异"。显然，桥牌需要有默契的 partner，个人要有很强的记忆力，以及全盘掌控比赛全局的能力。如今，他已年过八旬，阅读仍然是他的一项重要日程。欣赏多样风格的音乐已经成为他一日不可无的项目。但亲身参与体育活动不太合适了，因此改为观看体育比赛实况或录像。事实上，他是中国女排的忠实粉丝。此外他也爱看斯诺克（Snooker）比赛，特别欣赏几位超一流的选手能在大赛中打出一杆 147 的满分。

1949 年 10 月 1 日，迎来了伟大的中华人民共和国的成立，那年正好是他小学毕业，并考入了他心仪已久的圣芳济中学。值得高兴的是，有许多小学同学和他一起考入了这所中学，继续成为同学和好朋友，但也要和几位小朋友暂时分别了。

曹旭滄（1937—），高级工程师。在协进女中附小期间，他与百新一直是同桌。小学毕业后不久，他父亲不幸离世。他是家中的长子，为了能尽早挑起家庭的重担，他考入了技术学校，1955 年毕业后，服从分配到大西北的军工厂工作。20 世纪 80 年代初，因工作需要，被安排到杭州无线电五厂工作。1990 年，百新申请了一个"863"课题，坐火车去杭州参加答辩会。答辩组织方通知答辩人员交通自理。那时不像现在有高铁，往返车次非常多，几乎可以随到随走。答辩结束后，回北京的火车票是一个难题。百新便用电话联系了杭州无线电五厂的厂办曹旭滄主任。曹旭滄在当地当然是有许多联系（关系）的，立即办好了百新回北京的卧铺票。周末邀请百新到他家，全家还举行了欢迎家宴，并请百新在家里留宿。40 年后的重逢，实在是令人感慨。之后，他们又有了多次的相互访问，或在杭州西湖的湖滨饮茶观景，或在北京古朴而美丽的清华园里漫步休闲。

贝桐森（1937—）博士。当年，贝桐森的身高应该是全班第一，为人和善并与大家友好相处。有一次小朋友们议论起一种法式台球，而他家里就有这个设备。一天课后他邀请十几个小朋友去他家玩法式台球。贝家在静安区的南阳路第 170 号（常德路和西康路之间）。进了大门，大家就发现他家是一座两栋连体豪宅。前楼 3 层，后楼 5 层，都有自动电梯。两个楼之间，有架空的过道连接（现在这个豪宅已被改为星级宾馆"贝轩大公馆"）。后来，大家才知道，他出身于江苏苏州望门的贝氏家族，狮子林是贝氏家族于 20 世纪 30 年代建造的私家花园。国际著名建筑大师贝聿铭先生是他的堂兄。1949 年 4 月，他随全家离开上海去美国留学。20 世纪 90 年代时，他在美国首都华盛顿的国家标准技术研究所（NIST）做研究工作，曾接待过清华大学机械系派去的访问学者。通过该学者传递的信息，与百新取得了联系，并邀请百新去 NIST 做学术交流。2002 年，百新参加完美国材料研究学会组织的国际会议后，到他家做客，他特意邀请汪家起同学从迈阿密飞来一起相聚。几位小学同学时隔 40 多年后又相聚了。大家一起回忆小学时代的友情，真是不亦乐乎。

邓国泰（1937—）。1949 年小学毕业后不久，他父亲的事业遇到困难失败了，他因此不得不暂时休学。幸好他有美术的天赋，或为电影院画新影片的广告，或给地方戏院画布景，等等。他和母亲的生活有了基本保证后，他又通过去上美术界名人的教学课来提高自己。1956 年，天津的人民美术出版社到上海招聘。他前去应聘并一次成功，在人民美术出版社主要负责编辑出版的事务。而他从小的梦想是做一名自由创作的画家，因此又转到了天津美院。20 世纪 70 年代，百新曾去天津找过他，正好他外出写生。2002 年，京津之间的高铁开通后，百新专程去天津与他相聚。得知他有幸福的 4 口之家，夫人主持家务，女儿学成后在澳大利亚矿业公司工作，经常在中国办事处办公。儿子继承父业，攻读美术，现在上海开办了自己的工作室，为星级宾馆设计大堂的装饰。2015 年，百新八十岁生日时，他还画了几幅儿时一起玩耍的画，作为纯真友谊的美好记忆。

张乃光（1937—）教授。1947—1955 年，他与百新在小学和中学共同窗了八年半。他学习成绩优秀，英语尤为突出，无论是书面的考试，还是口语的问答，在班上都是佼佼者。张乃光的老家也住在常德路上，与百新的老家相距 5 分钟的步行路程。每当考试的时候，他们会在前一天交流各自的体会，一起提炼该门课的重点，同时也猜想一下老师会出什么考题。之后他们发现，大部分的考题他们都猜对了。因身体原因，他 1956 年才参加高考，顺利入学上海交通大学，毕业后即留校任教。改革开放后，也曾有机会出国访问研修。因他在教学、科研及管理三方面做出的优异业绩，最终晋升为正教授。退休后被新加坡华侨投资的国际小学聘请为首届建校校长。2011 年秋，百新应邀回老家观摩 2011 年上海国际博览会（International Exposition）。在沪停留期间，约了张乃光在下榻的上海宾馆相聚，一杯咖啡，尽情畅谈，分享各自的故事，愉快地回忆一起度过的美好时光，令人兴奋不已。

　　青少年对于每个人来说，身体的成长和学业都是非常重要的，因为这些都是每个人进一步学习和深造的基础。1949 年秋，百新以优异的成绩完成了小学的学业，并怀着憧憬的心情，期望能进入他心仪已久的圣芳济中学，去进一步学习初中和高中课程。

第二章

德智体美全面成长的中学年华

2.1 沪上闻名的"圣芳济" 国际化的师资队伍

柳百新 1949 年小学毕业后，在父母和二哥百成的鼓励下，选择了圣芳济中学（新中国成立后改名为时代中学）。这个学校的前身是 1874 年（清同治十三年）由法国天主教耶稣会创办的教会学校——圣芳济学堂。1878 年开始招收中国籍学生。1934 年在静安区延安路福煦坊后方的一片空地上建造了新的校舍，正式定名为上海市私立圣芳济中学（总校），虹口区的为圣芳济中学分校。

1955 年，百新毕业于上海市圣芳济中学，该校坐落于延安中路 1135 弄后面的场地（并不是该里弄的一栋楼房）。后来因为要盖延安饭店，这个学校被迫迁到了南京西路成都路附近，后又搬迁到了武定路。因为该地区的生源越来越差，这个学校最后降级为仅有初中的一个非全中学。

延安中路 1135 弄　　　　　　　　　　延安饭店

　　学校的老师队伍具有明显的国际化特色。其中有多名来自法国、德国以及匈牙利等国的天主教会的神职人员，他们在职称系列中的职称是"Brother"（中文译为相公）；而在天主教另一个系列中的职称是"Father"（中文译为神父，如小说《牛虻》中的蒙泰里尼神父）。学校的教务长是一位严肃的长者 Brother Paster（法国），他是学校的主要领导人。每天上午开课之前，全体学生在教室外的操场上排队，每一个班的学生在教室前列队整齐后，教务长才吹哨，学生们鱼贯进入教室开始上课。另一位身材矮胖、一脸和气的 Brother Vincent（匈牙利），在与学生的相处中，十分和蔼可亲。每当有某一个班的学生邀请另一个班进行一场足球或垒球的友谊比赛时，他总喜欢担任主裁判，师生一起享受快乐的球赛过程。校内有一间文具店，出售带有圣芳济标记的笔记本和其他文具用品，其主管是 Brother Otto（德国）。当时在校的还有三位中国籍的徐维新、周宪会和苏平清相公。

　　圣芳济中学高水平严要求的英语教学有着悠久的历史。据记载，1905 年，学校曾派遣四名学生前去参加英国剑桥大学的公开考试，其中三人获得了合格文凭。百新 1949 年入学时，正值学校建校 75 周年。二哥百成曾收藏过当时出版的校庆纪念册，可惜的是未能保留下来。在学校的教学计划和大纲中，英语课的课时比其他课程要多许多。因

1955 年，上海市圣芳济中学（现改名为时代中学）毕业照（原校址现在是延安饭店）

前起第三排右边第一人为柳百新，左边附柳百新高中毕业前夕单人照

此，每个班班主任大多数是由英语老师担任的。此外，学校的英语老师大多数是本校毕业的，之后被聘请在学校任教。因此，这里老师和学生之间的关系，既是师生，也是学长和校友。百新入学后，初一到初三的班主任分别是孙元铭、胡志芳和姚步青老师。早期高中部的英语课大多是由外籍老师教的。1952 年后，多数外籍教师都离开了，高中部的英语课就由两位最资深的童鑑（同"鉴"，jiàn）清和石铭德老师教，在课堂上仍采用"无中文"的教学模式（尽量少用中文讲解）。童鑑清老师早年毕业于圣芳济中学，长期在学校任教，1956 年奉调到北京外贸学院任教，直接评为副教授。另一位陆佩弦老师，早年进入圣芳济学堂，打下了扎实的英语基础。之后，于 1949 年在美国科罗拉多州立大学获英国文学硕士学位。当年回国后即到圣芳济中学任教，同时兼职在上海圣约翰大学英语系开讲座。1956 年奉调到上海外国语大学英语系任教，直接被聘为正教授。他提倡用"韦氏音标法"教工农兵学员学习英语发音；经过对比的实践表明，其效果优于"国际音标法"。他终生执教，为人师表，研究成果斐然，被业界公认为杰出的英语文学家、古诗词翻译家、中古英语专家以及研究莎士比亚戏剧和诗人弥尔顿作品的资深专家。20 世纪 80 年代，百新有一次去上海出差，曾特意去陆老师家问候，师生久别重逢，畅谈甚欢。事实上，圣芳济

中学确实培养出了一批用英语作为工作语言的国之栋梁。例如，1948年毕业的过家鼎先生，曾在外交部任职，担任翻译室的领导，之后曾被任命为驻外大使。1949年毕业的孔繁农先生曾担任联合国秘书处的官员。1950年毕业的胡壮麟教授，之后毕业于北京大学并留校工作，近年被聘为享受与院士同样待遇的资深教授。

2.2　全程英语的课堂教学　文法结构的严格分析

圣芳济中学的英语教学是特别见长的，也是这所学校一贯的传统特色。该校的入学考试中，英语的门槛是很高的。1949年百新小学毕业后，报名参加了暑期英语补习班。每天上午强化的英语课由邓云鹏老师授课，他纯正的英语发音给学生们留下了深刻的印象，下午还要做一个多小时的书面作业（如中译英、英译中练习）。近两个月的补习班受益匪浅，入学考试顺利通过后，百新带着兴奋的心情进入了圣芳济中学。还有几位协进小学一起毕业的同学，和他一起入学圣芳济中学。其中有1947年一起插班进校的汪家起，还有张乃光、邓国泰、朱铭章、谢宗汉、朱明权、徐元钟、过定国、孙耀先等，而且都被分配在一个班（6班-A）。这个班上有近10人是从上海觉民小学毕业考入的，其中有王家琦、赵汉钧、董道宇等。两所学校的学生加在一起，占了班上学生的多数。有趣的是，这两群学生在英语课上的表现和成绩都比较优秀，可能与原来学校的英语教学有很大关系。当年的初一年级共200人，分配在四个班：6班-A、6班-B、6班-C和6班-D。最初的时候，这个学校还设有预备班，编号为7班和8班。如有学生不能通过入学时的英语考试，而又很希望进这个学校的话，他们就可以先申请进7班或8班学习。

圣芳济中学的英语课堂上，从老师到学生基本上是不用（或是尽量少用）中文的。英语的发音是用"韦氏音标法"（而不用"国际音标法"），课堂上让学生有充分的时间练习讲英语，力求让学生能达到真正的四会——会听、会说、会读、会写。

从初一开始，百新的英语课学得就很好，有时孙元铭老师会走下讲台，在教室里来回穿梭讲解，让百新当"助教"，用粉笔在黑板上写下有关内容。比如，在学习英语的时态（tense）时，百新就在黑板上书写出它们各种时态的变化。据同学回忆，百新的板书是很流畅的。英语课文的内容也很丰富，不仅仅停留在语言本身，而是涉及英语国家的文化背景、人文历史、人际间交流的礼节等。除英语课之外的其他课程，例如世界地理课，学生们也喜欢用彩色的英文版地图册作为参考书，因此能用英文记住各国的名称、城市的名称、地球上的海洋名称等。甚至在课后的球类比赛活动中，也提倡用英语来表达有关的术语和规则。

圣芳济中学的英语教学也十分重视严格的文法结构分析和应用规则。初一时的英语文法教科书，用的是原版的《纳氏英文法》（*Nasfield Grammar*），厚厚的一本读起来得需要狠下一番功夫才行！老师也是用英语讲解和分析复杂的句型。例如，时态中的"现在时"是表达不变的事实，如"The sun rises in the east, and sets in the west"。又例如，"完成时"经常只用"现在完成时"即可。强调要避免用"过去完成时"，严格地讲，它只能用在表达一件比过去更早发生的事。用白话来表达的话，就是用在表示"比过去还要过去"发生的事，等等。

百新的体会是，这样全英语沉浸式的教学是希望学生能直接用英语去思维，从而能做到及时地用英语与人交流。事实上，学习英语的目的正是为了在学习后，能成为与人进行交流的外语"能力"。譬如学习篮球，如果只花时间讲解如何投篮、如何防守等，不如让学生到篮球场上进行更多的实际"练习"。六年来圣芳济中学沉浸式的英语教学和强化练习使百新在"四会"方面得到了跨越式提升，为他今后在大学的学习，毕业后成为一名教师，以及以后做他热爱的科学研究，打下了坚实的英语基础。改革开放之后，他撰写的英文科研论文文稿，其可读性和文法结构各方面经常得到审稿专家的认可。他在指导博士研究生的时候，也会和学生一起坐在计算机前，手把手地教他们修改英文的论文文稿。

2.3 增强体质的体育课程 活跃多样的球类比赛

圣芳济中学除了特别突出的英语教学，其体育教学在上海也是独树一帜的。20 世纪 50 年代中期，在一届全市排球联赛中，圣芳济中学的校队在决赛中战胜了市公安局代表队，一举夺得了冠军。消息一经传开，成为体育界一大热点。事后，有好几名队员被调入了国家代表队，如祝嘉铭和李宗镛两位校友都在国家队中服役多年，退役后都在上海市体委任职。当年祝嘉铭是国家队的第一主攻手，与他合作的二传手是后来国家女排的主教练袁伟民。

这个学校在体育教学的成绩，主要是因为有两位高水平的体育老师主持工作。一位是体育界资深的张觉非老师，他在 20 世纪 40 年代曾参与组织全国运动会，并在开幕式上主持大会的团体操。另一位较年轻的吴厚成老师，曾是天津一支著名足球队的队员，新中国成立后，来到圣芳济中学担任体育老师。除了优秀的教师力量，圣芳济中学校园有三个篮球场，一个能供 7 人一队进行比赛的小足球场，一个排球场。周边还有供跳远、跳高练习的沙坑，以及单双杠等。几个球场连在一起的话，可以划出一个 200 米一周的运动场。百新在校期间，曾参加过一届全校运动会，获得过跳远的银牌。

学校每星期安排两节体育课，开设的体育课的内容很全面，包括两大类。其一是关于田径运动的，包括如 100 米、200 米、400 米及 800 米等径赛运动，以及跳远、跳高、铅球、标枪、单双杠等田赛运动。其二是球类，有篮球、足球、乒乓球、羽毛球、排球等。每天上午的两节课后，有一个 15 分钟的课间休息，学校坚持每天在这个时段，由张老师带领全体学生做课间操，使学生们减轻两节课的疲劳，也给学生们增加后两节课学习的能量。在体育课上，老师给学生们讲解有关体育活动的程序，以及相应的比赛规则，但在更多的时间里，是老师带领学生们进行实际的练习。上述这些都为校园里营造了非常活跃的气氛。每天下午课后，几乎所有的学生都积极地参与到各自喜欢的活动中。

体育课不仅内容丰富，而且其考评机制既尊重科学又很灵活。同一年级，不同身高、不同体重的孩子，有不同的达标标准和可能得到的体育成绩分数。学生们可以在多项体育活动中，选择其中几项作为自己的考评项目。另外，在具体打分时，也是按难度增加而有所加重，例如"俯卧撑"的赋分上，开始时加分少，越到后面，加分就越多。值得一提的是，学校课后的各种球类活动是非常活跃的。班与班之间经常举行球类的友谊比赛，许多学生会在场边观看，并为场上队员加油，因此每天下午的 3 点半到 4 点半是校园里最为活泼快乐的时光，可以称得上是学校一道美丽的风景线。

圣芳济中学学生们组织的多种球类的校代表队确实具有很高的水平。例如，这个学校 20 世纪 50 年代初就开展了垒球（soft ball）运动。一个高二班的 10 多名学生组织了一支垒球队，请到了从日本回国的著名棒球（hard ball）教练梁扶初（1892—1968）先生来指导。他们第一次参加上海市在淮海广场举行的（丙级）垒球比赛就获得了冠军，次年又获得了乙级比赛的冠军。百新不仅在学习上是拔尖的，同时他也是一个体育，尤其是各种球类运动的深度爱好者。他初中期间很喜欢打篮球，但技术上只是一般水平，又戴着一副深度眼镜确实也很不方便，但他仍然享受参与其中的快乐。高中期间，百新在的班里也组织了一支垒球队。一次偶然的机会，遇到在上海第二医学院学习的几位校友，邀请百新的球队去医学院打一场友谊赛。百新的球队按时前去应战，以 5:2 战胜了该校二年级的联队，真是太令人兴奋了。比赛结束时天色已是黄昏，队员们骑着自行车欢天喜地地得胜回校。

柳百新小时候体质并不好，还曾因病在家休学了一年多时间。他在圣芳济中学的六年期间，坚持科学的体育锻炼，活跃于多项球类比赛中，这使他的体魄逐渐强健起来，为他今后去追逐梦想、挑战人生打下了坚实的基础。事实上，有一种对体育的见解，认为体育的作用可以是人类社会活动的一种模拟器。因为在体育比赛前要做许多准备工作；比赛中要遵守和运用比赛规则，并运用合适的策略，也要有思想准备去面对裁判可能不公正的裁决，等等。在比赛过程中，还需要根据情况的变化及时做出调整。这些都是人们在工作与生活中经常遇到和需要处理的。换句话说，人们在生活和工作中，难免会遇到进与退、取与舍、赢与输的境况，因此体育运动的过程可以比拟为微缩的人生。简言之，百新体会到：体育运动对提高个人的情商是很有裨益的。

首先，体育作为德智体美劳全面发展教育中的一部分，体育锻炼不仅可以增强人的体质，还使人精力旺盛，朝气蓬勃。其次，体育精神讲究公平竞争、崇尚秩序、优胜劣汰、拼搏进取、团结协作、坦然面对等，这些在潜移默化中塑造了人们的人生观和处世观。再次，对于非体育专业的工作人员来说，体育活动能更好地释放压力，也是一项相互沟通的社交活动。最后，集体性的体育活动还能培养人们工作中的团队精神。

总之，体育锻炼和比赛能促使人更快地适应和面对社会的发展，教人奋勇拼搏，也教人公平竞争；教人敢于争先，也教人团结协作；教人享受胜利，也教人能够接受失败。对于百新来说，他在圣芳济中学的六年，正是人生从少年成长为青年非常重要的阶段。除了学到了数理化、外语等知识，那些寻常打卡般的体育锻炼，球类比赛场上快乐挥洒汗水的时光，都让他记忆犹新。

2.4　勤学六年成绩骄人　珍贵友谊地久天长

在圣芳济中学读书期间，不管是数理化还是文史地，柳百新大多数课程的成绩都是名列前茅的，体育课的成绩也是多项全能。他受到各位老师的喜欢和同学们的钦佩。但他绝对不是一个死读书的书呆子，他善于顺应不同课程的特点，用相应的不同方法学习。准备考试的复习中能提纲挈领抓住重点，对一些疑点和难点部分，自己更是加强复习。凭着这些科学的学习方法和刻苦认真的学习态度，百新甚至在有一年的考试中，创下了总共 11 门课，得了 7 个 100 分的佳绩。那年主要代理学校财务的一家银行，赠送给学校两份奖学金，每一份都是免除得奖学生全额的学费，百新名列全校第一，理所当然地获得了一份。父母得知后，感到特别欣慰，也给百新一个特别的奖励：用事先已经准备好的学费，为百新买了一辆自行车，这辆自行车一直陪伴了他 20 多年。

柳百新在校期间，与大多数同学都相处得很融洽，很多同学也因为他为人真诚，与他成为朋友，在金色年华中他们结下了珍贵的同学友谊。西塞罗曾经说过，世界上没有比友谊更美好、更令人愉快的东西；

没有了友谊，世界仿佛失去了太阳。人需要友谊，因为真诚的友谊可以使人奋发，使人欣慰，使人快乐，使人向前……总之，友谊拥有神奇的力量。让百新感到非常欣慰的是，他在中学时代结交了多位值得一生珍惜的朋友。这些朋友虽然后来命运各不相同，经历也有所不同，甚至分离于地球的两端，但大家都成了各自领域的佼佼者。

汪家起（1937—2017）是百新从小学四年级开始最好的终生挚友。汪家原籍安徽。汪氏家族于20世纪20年代创立了著名的汪裕泰茶业，以及杭州西子湖畔、毗邻雷峰塔的汪庄，也就是现在的西子宾馆，是浙江省的国宾馆。他的父亲汪振时（1891—1962）先生毕业于上海震旦大学医学院，是一位执业医生。对常去汪家玩的小朋友，汪振时先生是一位开明而友善的长者。他在业余时间里，爱打桥牌和台球，年轻时也爱踢足球，并耐心地教小朋友们桥牌的规则和基本技术，使他

1993年，几位圣芳济中学的同学在美国迈阿密汪家起家中相聚时的合影

第一排左起为汪家进、汪家起和夫人、夫人闺蜜、柳百新；第二排左起为赵汉钧、王家琦、白植之和家起在南开大学的同学黄龙

们达到了能与老一辈的高手一起切磋牌技的水平。1955 年，汪家起考入了南开大学生物系，1959 年毕业后留校任教。他于 20 世纪 60 年代中旅居美国，通过自学成为一名执业律师，与两位美国同事合作，在佛罗里达州的迈阿密开办了一个律师事务所。直到 20 世纪 80 年代中期，百新才与他恢复了联系。1987 年秋，百新去美国参加国际会议，结束后从波士顿飞到迈阿密，家起到机场接机后，直接回到他家独立宽敞的住宅，再次见到了汪家伯母、弟弟家进和首次见面的兄弟俩的夫人。汪家起幽默地授予百新象征荣誉成员的"金钥匙"，表示欢迎百新随时"回家"。1993 年 12 月，他的独生女汪俪在 12 月初的一个星期天举行婚礼，特邀请了百新、王家琦、赵汉钧、白值之和黄龙共五位中学同学，分别从美国、中国、加拿大前去参加婚礼。百新当时正好在芝加哥参加一个学术交流活动，于星期六晚赶到迈阿密，下了飞机发现，家起和这几位老同学都在机场等候呢。到家已经晚上 11 点了，家起在客厅早已摆好了桥牌桌，老同学还要打几局桥牌，直到凌晨 2 点才休息。星期天，大家一起向新人祝福，并欢乐地共享了美味的婚宴。回忆起当年的青少年朋友，失去了几十年的联系后能够再相聚，不变的还是那份至纯至诚的友谊。

董道宇（1937—2014），教授级高工，1949 年毕业于上海觉民小学。1955 年与百新一起入学圣芳济中学。他家住在上海西区愚园路的湧泉坊。其住宅前有一块空地，周围比较避风，大小也合适，几位同学就把此处整理成一个正规的羽毛球场，架起标准的球网。几乎每星期都会在那里练习 1~2 次基本功，进行单双打比赛。1955 年，道宇和百新报名参加了清华大学校队的选拔赛，分别成了校队的正式和候补队员。1961 年毕业后他一直在北京内燃机总厂工作，任高级工程师。他们同在北京，所学的又都是相近的材料专业，因此经常见面交流。每年清华大学校庆，道宇定会返校和百新见面，百新也会在一些假日里，去道宇的家里做客。

何宇忠（1936—）和何宇信（1937—），两位兄弟博士。他们的父亲何梁昌先生，早期留学美国，获美国麻省理工学院（MIT）博士，回国后曾担任上海电力公司的高级工程师，之后任中国科学院上海硅酸盐研究所研究员。他们家住南京路（陕西路），每天步行去圣芳济中学上学的途中，必定会经过百新的家，所以每天三人结伴同行，六年的来来往往成了最好的朋友。兄弟俩的学习成绩也均名列前茅。他们与百新在学习中友善地竞争，课外一起练习打羽毛球。1958年，因家庭原因，何宇忠从清华大学退学经香港去美国求学，以三年级的成绩单，考入加利福尼亚大学伯克利分校（UC Berkeley）研究生院。毕业后创办企业，以制造微波器件为主。1981年，百新在加州理工学院访研期间，他有一次在洛杉矶开会，专门到帕萨迪纳（Pasadena）与百新相聚。何宇信1960年毕业于南京工学院，后在美国读研获博士学位，在通用电气公司任职，研究发动机与噪声相关的科学问题。他们两兄弟均定居在加利福尼亚州硅谷。2005年，百新去美国加利福尼亚州旧金山（San Francisco）参加国际会议，三人重新在洛斯阿图斯山（Los Altos Hill）山坡上何宇忠家相聚了。何宇信与百新自1955年中学毕业后，已有50年未见面了。回忆起往事，他们共同祈望能有那么一天，三人再一起同行，步行在延安路上去看望圣芳济中学的旧址，毕竟这个中学为他们打下了坚实的英语基础，使他们终生受益。

朱铭章（1937—2004）。他与百新从1947年到1955年中学毕业一直是同班同学。他的家就在协进女中附小边上的弄堂里，比较宽敞，所以百新和几个小朋友课后有时会去那里玩小足球游戏。但朱铭章从小在父母教导下，每天必须练习好几个小时钢琴，上午和下午都有固定的时间要练琴。他看到其他同学在他家门口无忧无虑地玩得痛快，

2005 年，柳百新与同学何宇忠（左图）、何宇信（右图）合影

心里有些不平衡。1954 年，在北京举行全国中学生钢琴比赛，上海市有三个名额，最后，派出了朱铭章和另外两位中西女中的女学生。比赛在北京怀仁堂举行，他演奏的是肖邦的《诙谐曲》，获得了一等奖，两位女学生获二等奖。1955 年高三期间，他心里很想考清华大学，因为 1954 年在北京比赛期间，清华大学给他留下了非常深刻的印象。后来他得到上海音乐学院和南京工学院的录取通知书，最后选择了音乐学院。遗憾的是，由于生病，他未能按时毕业，"文化大革命"后，也无法找回原来的档案材料。父母离世后，弟弟出国了，留下他一人生活。2004 年，百新到上海开会，住在老家附近，就去朱铭章家看望他。后来得知，他因患腹腔动脉血管瘤，无法治愈而离世。

王家琦（1936—）博士。1949 年毕业于上海觉民小学，同年入学圣芳济中学，与百新在一个班。他不仅数理化等理科的学习成绩优秀，而且爱动手做许多事情。例如，他经常帮同学修理小闹钟或手表。因为他家庭成员有一些海外的关系，1955 年的高考他落榜了。第二年再考，得到同样的结果。这两年时间里，他完全靠自学学习了大学的数学和物理等课程。晚上还去技术学校当老师教课。他为了上大学的理想，1956 年去了香港。在香港的一个书院学习一段时间后，他努力争取到美国读研。但他没有大学本科的学历证书，经过多次的努力，最终被芝加哥大学物理学院录取为研究生。后又在麻省理工学院做博士后，后留校工作，一直晋升为终身教授。之后，经几位学者的推荐，他也曾在 IBM 做研究员。这些经历让他结交了许多学术界精英。最终，王家琦还是为了实现自己创造发明的梦想，在纽约创办了一个研发高科技测量仪器的公司。公司在纽约中心地区，拥有一个 1000 平方米的实验室加办公室，10 位博士专门做研发工作，外加一位秘书。他的工作得到美国著名学者、美国科学院前院长 Prof. F. Seitz 的欣赏，多年来一直和他有许多的合作。从 1955 年中学毕业后，百新与他失去联系。改革开放后，经过同学传递信息，得知他在纽约工作。1991 年，百新

去美国波士顿参加国际会议，途经纽约时，与王家琦博士分别 36 年后再相见，并在他家里过周末。1997 年，他曾来北京访问，向科学院的几个研究所介绍他开发的先进仪器。百新也请他和董道宇一起在清华园聚会。

1991 年，在相隔了 36 年后，柳百新在去美国参加会议时，与王家琦再次相见，两人在家琦家里的合影

几年后，王家琦来中国进行学术交流，在北京再次与柳百新相聚。

柳百新与王家琦在清华园（左图）和颐和园（右图）的合影

赵汉钧（1937—）教授。1949 年毕业于上海觉民小学，同年入学圣芳济中学，与百新在一个班：6 班 -A。赵汉钧本人可能有意向将来要学医学，所以他对生物课特别有兴趣，成绩也优秀。毕业后，他考大学时的志愿报的是医学院。不知何故，最后他被录取到保定市的河北农学院。对他来讲，可能是一个不小的打击，曾想等来年再考。在家里哥哥姐姐的帮助下，还是前去入学了。1959 年毕业后留校任教。随着时光的流逝，他感觉到这个专业实在不是他想一直做下去的。他决定自己去找愿意做的工作。20 世纪 60 年代末，他找到了合适的工

圣芳济中学校友与吴厚成校长在北京聚会

2005 年，圣芳济中学原校长吴厚成先生到北京访问。校友会会长万嗣铨和副会长闻义昌在北京沈记靓汤大饭店举行宴请会。中坐者是吴先生。他身后就是柳百新，右边的一位是董道宇，最右边的一位是吴文凯（1962 年毕业），肿瘤医院放射科研究员。第一排左一是万嗣铨（1955 年毕业）会长，曾担任北京亚运会的秘书长，后担任建造国家大剧院的业主委员会的工程部总经理。二排左二是闻义昌（1956 年毕业），他曾是北京什刹海体校的校长，担任过北京亚运会排球比赛的裁判长。吴先生右边的一位是过家鼎先生（1948 年毕业），曾担任过外交部翻译室领导和驻外大使。第一排右一是曹岳钟（1954 年毕业）先生，曾担任过北京市棒球队教练

作，到上海正大集团工作。一是集团的业务与农产品有关，二是他可以发挥他英语"四会"的优势，能做中–英文的口译，对外贸是有用的。他全家从保定回上海的时候，先到北京，再转快车回上海。百新为他们找到临时的住房，因此他们可以在北京旅游几天，以此告别他们以后不太会再来的北方。改革开放后，百新去上海的机会很多，每次都会约上赵汉钧和张乃光一起相聚，一起回顾中学时代那些美好的时光。孟子曰："人之相识，贵在相知；人之相知，贵在知心。"假如知心朋友是一笔无价之宝的财富，那么对这三位老同学来讲，他们中的每一位都拥有了这份无价之宝。

第三章

清华大学的岁月　理工结合的教育

3.1　来到伟大首都北京　走进清华大学殿堂

柳百新 1955 年高中毕业后，顺利地通过统考，进入清华大学。他在圣芳济的同班同学何宇忠、董道宇、乐茂康也一起被清华大学录取。除了何宇忠进入了电机系，其他三人均进入了机械系。当年清华大学共接收约 2000 名新生，而在上海共接收了大约 800 名新生。为了在暑期后能集体到北京报到，清华大学安排了工作组到上海来接这 800 名新生。

当时，还没有高铁，长江上还没有大桥。这批新生坐上了加开的专车从上海出发赴北京上学。从上海出发后，过长江要靠轮渡把火车运到对岸去。为此，先把火车车厢分成三节为一组，一组一组地开到轮渡上。然后轮渡再慢慢地行驶到对岸。整个过程大约需要 2~3 小时。加开的专车可没有优先权，与其他列车交会时，必须让路。因此，出发开始，火车从不报何时能到达目的地。百新等四人坐在一组座位里，实在困了，其中两人就躺到座位下面，另外两人就可以伸开双脚放到对面的座位上放松一下。

从上海出发，最终到达北京，共费时三天两夜（约 60小时）。最终于第三天的傍晚到达了北京前门车站。学校派了大巴车去接，回到学校三院

1955 年冬天，柳百新与同学乐茂康在清华天文台前合影留念

后面的球场时天已黑了。那年刚毕业，并获得优秀毕业生金质奖章的二哥百成已在那里等候多时了。

3.2 国家发展急需核科技人才 服从分配转入工程物理系

那年开学是 9 月 15 日，先进行三天入学教育，并分配专业。二哥百成建议百新选择机械制造专业。但是，第二天百新在食堂门口的布告栏上看到了一个紧急通知：如下同学请于当天下午 1 点半在一教 103房间开会。

到了会上，由一位老师主持，共有 25 位同学到会。后来知道这位老师是潘霄鹏老师，他曾担任过学校的学生会主席。潘老师宣布：因国家需要，学校正预备成立工程物理系，主要为原子能事业培养人才。在座的各位同学考试成绩优秀，但报名时未填这个新专业，学校拟把

你们调入这个新专业。如愿意的话，请告知我姓名后，就可以离开，等待正式公布即可；如本人想坚持原来的选择，也请留下姓名，以便把名单送回原来的院系。

百新进入了这个即将成立的新系，一年级共 120 人，分在四个班。百新分在物 03 班，0 代表将于 1960 年毕业，后又改成正式的六年制，因此后来是 1961 年毕业的。过了不久，因国家需要，学校又从在校的高年级学生中选拔了一批学生到工程物理系，组成一个三年级的物 8 班，和两个二年级的物 9 班，这样就能在 1958 年和 1959 年为国家发展核工业培养出急需的人才。

清华大学蒋南翔校长对学生们提出了一个高标准的要求："健康地为祖国工作 50 年。"这一直以来让学生们在思想上明确了学习的方向和目标。学校对体育锻炼非常重视，鼓励学生们每天下午 4 点以后，从教室或自习室来到操场进行各种体育活动。著名的体育教授马约翰，每天下午也会出现在操场上作指导。马教授对学生们的教导是："生命在于运动。"

学校对学生们的生活也安排得非常有规律，早上 6 点半打起床铃，晚上 9 点半打自习下课铃，10 点熄灯。每天的课程安排是上午一贯制共 3 节大课，一般下午是自习，有实验课和体育课的话，一般也安排在下午。

百新入学后，每天的规律生活，正好是自己从小养成的。清华安排的生活作息时间，正好和百新从小养成的习惯相吻合。早上他提前 10 分钟小心地起床，在公共洗手间完成一切后，拿了书包就去食堂，一般都是前 10 名的用餐者，可以吃到大师傅用昨天剩下的米饭做的鸡蛋炒饭，加一碗粥。接下来，直奔教室，抢坐第一排的位子。因为百新是高度近视，这样可以看清黑板。因此，几位教授大课的老师都注意到了这个认真听课、戴深度眼镜的学生。其实，百新是这么想的：坐在前面，既能看清，又能听清——why not？即使不是近视的原因，他也会抢坐第一排的。

百新在中学里培养的爱好体育运动的习惯，在清华也得到了发挥。20世纪50年代中期，国内的羽毛球水平并不高，体育教研室有一位印尼回国的老师，开始组建一支6+6的男女校队。百新和他的同学何宇忠、董道宇也报名参加了选拔赛。在约有80人参加的淘汰赛中，他们三人都进入到最后一轮（12选6）。让体育老师有些意外的是，百新在最后一轮中，击败一位印尼回来的学生，因此被选入了清华的第一届校队。百新的足球和篮球技术都是业余的水准，但排球基础技术还是可以的，他也参加了工程物理系的排球系队。最后一年的全校排球联赛中，最终的决赛是工程物理系队对建筑系队。那天的比赛吸引了许多观众。体育教研室的资深体育老师王维屏教授（国际足球裁判）出任当日的裁判。百新的个子不算高，但基本功还可以，担任二传，和另一位二传合作，轮流为另外4名高个扣球队员传球。这4名队员发挥出色，他们的扣球给对方造成了很大的压力，因此他们特别注意去防备。当工程物理系队拿到赛点的时候，百新得到了一个很好的机会，可以让二号位的扣球手发力扣球，而对方前排的三位队员都集中过来预备拦网。百新注意到现场的变化，将球巧妙地反传到四号位前，刚好过网，一球落地定音，工程物理系队获得了冠军。全场观众热烈鼓掌，王维屏教授吹哨结束球赛的同时，露出了赞赏的微笑。

在清华大学的六年学习和生活，百新也牢记蒋南翔校长的教导，毕业后在清华大学一直努力工作，坚持在一线担任教学、科研以及博士生培养的工作，2018年才光荣退休。也就是说，从1961—2018年，为伟大祖国工作了57年。

1957 年 9 月，清华大学工程物理系物零字班同学合影

3.3　六年制的教学大纲　强化的数理化基础

工程物理的名称是从苏联学来的，苏联有一个莫斯科工程物理学院（俄文直接翻译应该是莫斯科物理工程学院，而西方国家一般称为核能工程系）。进入这个即将成立的新系，百新从一年级开始，就按照莫斯科工程物理学院的教学大纲进行学习，考试采用口试的方式。

1. 1955—1958 年：强化的基础及技术基础课

外语课一外是俄语，任课老师是赵似男（女）教授。她从俄文的33 个字母教起，带领大家读课文，并讲解语法的变格等。百新根据学习英语的经验，多加练习朗读课文。二年级下学期时，他已能借助字典阅读俄文的参考书。在物理课讲到光学时，他从图书馆借来了原版的苏联专家蓝斯别而格著作的《光学》作为参考书，基本能跟得上教学的进度。

时政课由钱逊教授讲授联共（布）党史。钱教授是我国著名国学专家钱穆之子，他在讲课时，情绪饱满，语言清晰，学生听得也非常认真，并经常被他的精神所感染。百新记得课文中有许多斯大林同志精辟的论点。如联共（布）的最终目标是：最大限度地满足人民群众物质和精神上的需要。

普通化学由宋心琦教授主讲，一年分上下两学期。实验课由余文华老师和另一位郭老师辅导。宋教授讲课中，概念清晰，板书工整，深得学生们的好评。1956 年期终考试后百新顺利完成该门学业。

高等数学从一年级开始就由迟忠陶教授主讲，他为这届学生一共讲了三年的课。从导数开始，微积分、积分方程、数理方程、复变函数等，一直到极限理论结束。迟忠陶教授讲课非常认真，板书极其规范，学生们就在笔记本上抄下来。数学课并没有发讲义或教材。百新就到新华书店购买了苏联出版的斯米尔诺夫的《高等数学》（清华大学孙念增教授译）作为参考书。每周 10 学时，每一堂大课后，接下来就有一堂习题课，由刘振买和王素霞（女）两位老师任教，课上做典型的习题，还留课后的作业，隔一天必须交上。前两年数学课特别重，因为要讲授很多数学方法，这些是物理课中需要的高等数学工具。

普通物理由何成钧教授主讲，参考书是福列斯和福尔彩娃编写的教科书，包括力学、热学、电学、光学、原子物理。何教授讲课有自己的特色，每一堂课，他首先提出一个问题，让学生们知道这堂课的中心。听课中始终思考这个问题是如何解决的。习题课由王以炳老师担任讲解。物理实验由朱国桢和秦明华（女）两位老师带。在实验课中，百新学到了实验数据的误差分析，由此计算出实验结果的平均值和误差范围。

第一个学期的期末考试共四门课，而且都是口试。一门课预备时间为一周，所以一共考了一个月。百新第一次经历了口试。学生三人一组，进入考场，在十几份闭卷考题中任选一份。用 20 分钟时间写好答题的结果。答完后可以进入老师的房间进行口试。老师首先检查书面的答题结果是否正确；然后再提一个新的问题，让学生当场做出回答。根据这两项结果，老师在学生的记分册上写下最终的分数（1~5分，5分为满分——优）。可能是百新每堂数学和物理课都坐在第一排，引起了两位老师的注意。在口试时他们有了与百新交流的机会。他们在检查笔试结果和一个问题的口试后，都又给百新增加了一个（或两个）问题。何教授对百新的面试结束后，接着问百新是从哪个中学毕业的。百新回答说：您不会知道的，因为原来的中学1952年已经改名为上海时代中学了。何教授接着就问原来的校名。百新回答是圣芳济中学，何教授听了很满意，还说"这个中学我当然知道"。

理论物理共五门课。王明贞（女）教授主讲统计物理（含部分热力学）。王教授早年毕业于密西根大学，她的博士论文有重要的创新，其成果成为该学科中的经典。她是清华大学的第一位女教授，也是理论物理教研室的首席教授。"文化大革命"中被关押多年，"文化大革命"后恢复了名誉，在清华园里安度晚年，享年104岁。她的两个弟弟王守武和王守觉都是半导体物理学专家，中国科学院院士。她主讲的统计物理深入浅出，那些深刻而抽象的概念经她讲解就变得非常容易理解了。

徐亦庄教授主讲量子力学。徐教授早年毕业于芝加哥大学。他讲课的风格是有条有理，语速不是很快，但他推导理论的逻辑是让学生容易理解的。1957年的期终考试，最后一题是：对"测不准关系"的理解。

万嘉璜教授主讲分析力学。万教授早年毕业于斯坦福大学。课程的主要内容是哈密顿力学，是力学的另一种表达体现，可以处理多体问题，而牛顿力学处理的是单体问题。开这门课的时候是1957年，当时苏联率先成功发射了第一颗人造卫星。万教授特意在课程中，用了两个星期共四大节的课时，从哈密顿力学的理论，推演出苏联人造卫星椭圆轨道中的主要参数：近地点和远地点。理论中重要的两点是哈密顿函数和勒让德变换。他在讲课中表达出来的对科学的热爱，以及对最终得到了"美妙的、对称的公式"的赞叹，深深地感动了学生，并激发学生努力学好理论物理。

电动力学由张泽瑜老师主讲。百新感觉这门课学得差一些，可能老师的讲解也稍微有些欠缺。通过复习，了解了其大致的框架，以及它在电工领域中的重要性。

2. 技术基础课

画法几何由褚有谊教授主讲。褚教授是这个领域资深的教授，这门课是机械制图的基础。对工程物理系的学生来说，制图并不是重点，所以没有后续的工程制图课。学生学习后能制作简单零件的投影图。

理论力学由钟思鹤教授主讲。主要是学习工程结构中作用力的计算与平衡等问题。

材料力学由蒋志翔老师主讲，主要是分析工程结构中应力间的平衡。上课之后，发现蒋老师是百新的中学学长（1950 年毕业）。

电工原理由周礼杲教授主讲，主要分析电机的工作原理、设计及其效率。周教授是电机系资深教授，讲课非常有条理，也很生动，特别是重点清晰，使学生在学习中感到很有兴趣。之后了解到，周礼杲教授后来曾担任澳门大学的校长。

3. 原子能和核技术有关的课程

反应堆工程基础由林家桂（女）研究员主讲。这门课的内容很丰富，但她是为非本专业学生开的，因此需要讲得深入浅出，而不能在理论计算等方面讲得太多。后来，因她在清华大学 200 号建设一个游泳池堆的工程中任务很重，而改由赵东兴研究员代替。赵老师的讲课能恰到好处地满足核材料专业学生应该知道在核反应堆工作条件下，对材料性能的要求。

核物理测量仪器由叶立润老师主讲，并带学生做几个实验。因为在原子能领域工作的人员，总会接触到放射性，因此必须了解放射性的测量方法、仪器及其剂量的表达方法。叶老师后因工作需要，被调到重要的核基地去工作，为核武器的研制做出了重要贡献，被授予少将军衔。

1961 年 7 月，清华大学工程物理系核材料物理专业物 04 班毕业前夕的合影，后排右起第二人是柳百新，第三人是王老师，第四人是潘老师

3.4 加强自学的能力 参考外语教科书

通过三年多基础课的学习，百新基本适应了大学期间的生活和学习，也初步学会用不同的方法去学习不同类型的课程。百新在这段时间，不仅修完了规定的课程，而且在课余的时间里，也努力提高自学能力和用外语阅读有关的参考书，并在这两方面有很显著的进步。他

体会到有一类课程是比较难学的，如理论物理，这类课程由老师在课堂上讲解，教给学生，理解其中的概念，一步一步深入到理论的推导，等等。通过这些课程的学习，学生应该培养自己能通过自学去学习更多新的东西。

例如，万嘉璜教授主讲的分析力学课中，计算出了人造卫星的轨道参数，但当时大多数学生跟不上数学公式的推导。究其原因，原来在数学课中，学过常微分方程、二阶偏微分方程以及特殊函数等，但分析力学的理论计算中用的是以前课堂上听老师粗略讲过的一阶偏微分方程。他就到图书馆里找到了一本数学书，自学了2个月有关的内容。再回过来复习时，理解了哈密顿力学的要点。又比如，在学了量子力学的基础上，就有可能去看一些关于固体物理的书。

百新有时与乐茂康同学一起步行去钢铁学院（后改名为北京科技大学）附近的新华书店看看；回程中就到五道口商场里面的外文书店看看，店内有一个内部出售"影印版"外文图书的地方，中国人凭证件才能进入。1957年，百新有一次买到了一本弗雷德里克·赛茨（Fredrick Seitz）的《现代固体理论》（*The Modern Theory of Solids*），后来知道赛茨教授曾担任过美国科学院的院长，被学术界称为"固体物理之父"；这书是本学科的第一本专著，首次构建出了固体理论的框架。

关于外语学习方面，百新的指导思想是：学了这门外语，就要用它去学习其他科目。俄语对百新来说，应该是第二外语了，学了约三年，他就用来看教学参考书了。事实上，俄语中许多科技词汇与英语是很相近的，科技中的陈述也比较直接和严谨，因此也能够借助字典阅读俄文书籍了。

原子能是高度敏感的学科领域，其科技资料在很长时间里是保密的。1955年，国际原子能机构（International Atomic Energy Agency，IAEA）解密了一批资料，几乎绝大部分是英文的。因此工程物理系的

47

领导于 1957 年及时做出决定，给三年级的学生开第二外语：英语。百新向教研组的领导提出要求免修英语，并得到了批准。教研室就安排他利用英语课的学时做有关的文献摘要卡片。

此外，百新感觉到大学前三年的课程学习，课时很重，而且许多课程有相当的难度，有必要集中精力去学好这些基础理论，以及以后要学习的专业课程。因此他决定退出了一年级时入选的校羽毛球队，并安排好时间，课余仅限于 1.5 小时的体育活动。

3.5 偏爱物质科学 选择材料专业

1. 1957 年：选择核材料物理专业

1957 年夏，工程物理系进行专业分配，系里共分 4 个专业：核物理（210）、同位素分离（220）、核材料物理（230）和反应堆工程（240）。其中核物理专业还细分出：核电子学（210-1）、核物理测量仪器（210-2）、加速器（210-3）以及辐射防护（210-4）。各专业的领导向全体学生介绍了各专业的学科方向及对学生的要求。经过考虑，百新选择了核材料物理，他对"材料科学"的粗浅理解是接近"物质科学"，而"核材料"就是在核环境中使用的特殊材料。他当时比较喜欢偏向"物质科学"的方向，所以选择了这个专业。

核材料物理（230）教研室约有 30 名教师和职工。教研室主任李恒德教授，20 世纪 40 年代毕业于美国宾夕法尼亚大学，获得博士学位，1954 年回国到清华大学任教。工程物理系成立时，李教授负责筹建核材料物理教研室。他从当时机械系的金属材料教研室中选拔了一批优秀的青年教师加入教研室。教研室的三位核心领导是李教授、潘霄鹏老师和张宏涛老师。

2.核材料物理专业的课程

金属学由李恒德教授主讲，当时有一本由苏联学者古礼耶夫编写的《金属学》作为参考。但李教授亲自写讲稿，使学生们对材料科学产生了浓厚的兴趣。他还从美国带回来各种合金的样品给学生做实验，每个学生的样品各不相同，自己运用学到的知识，设计具体的实验，最后写出实验报告。百新当年得到一小块 Cu-Be 合金样品，设计了时效硬化的实验，最后交出实验报告，得到李教授的好评。

金相实验由夏宗宁老师带，她 1954 年考入清华，原来安排应该于 1959 年毕业，因为工作需要提前毕业，并被安排到工程物理系任教。她在校学习期间曾是校排球队的一员。她在实验课中，主要教学生用金相显微镜分析其结构，以及测量样品的表面硬度。

金属热处理由马绍川老师带。他是 1953 年考入清华的，也是因工作需要，被调到工程物理系任教。

X 射线分析由范玉殿教授主讲，实验由尤引娟高工带。范教授 1951 年毕业于清华大学，留校后在机械系任教。因为工作的需要，被调到工程物理系工作，并担任实验室主任。

冶金学由张效忠教授主讲，1955 年张教授毕业于清华大学，毕业后曾去苏联研修，回国后到工程物理系任教。

材料物理性能由朱壮德（1956 年毕业于复旦大学）、沈慧良（与马老师相同）和曹小平（与夏老师相同）三位老师主讲和带实验。

腐蚀与防护由陈鹤鸣副教授主讲。陈教授 1956 年毕业于中南大学，后去苏联进修，回国后到工程物理系任教。

金属物理由李恒德教授主讲，参考书有巴雷特（C. Barret）的《金属的结构》和苏联学者乌孟斯齐的《金属物理学》（中译本）。乌孟斯齐是莫斯科钢铁与合金研究所的创建人，首席科学家。百新于 1989 年曾应邀到该所做学术报告。报告用英语讲，所里派一位年轻的女博士生做翻译。这也是百新唯一一次访问苏联。之后，就是俄罗斯了。

固体物理由曹小平老师讲课。可能是他本人尚未学好的原因，他讲的课，学生反映实在太差了。百新同班共 18 人，大家的反映是一致的，教研室当时也无法解决。上课时，大家也不想听，全靠自学了。第二年，下一班的课，情况没有任何改善，教研室临时决定由百新上讲台代讲。

核燃料原件由潘霄鹏副教授主讲，当时这个领域没有现成的教科书，只有外文的文献资料。潘老师备课用了不少时间，讲课中能让学生理解这门课的主要内容与要点。至此，全部课程的学习到六年级上学期才结束。

3.6 实际动手搞生产 毕业留校任助教

1. 1958 年：大跃进年代

1958 年，全国掀起了大跃进、大炼钢铁、大搞人民公社。清华园里也发动大家在室外，用各种土法上马大炼钢铁，但结果总是炼不出钢来。党委书记蒋南翔同志，经过实事求是的分析，决定改变这种做法，号召大家从各自不同专业的角度出发，选择生产的方向。因此 230 教研室决定学生和老师一起，搞熔盐电解锆的生产。因为锆的中子吸收截面小（与金属元素 Fe 相比），所以是压水反应堆中制作燃料元件包套的理想材料。230 教研室的几位老师带领核材料物理专业两个班的学生就开始锆的生产，并选择了熔盐电解的方法。大家在化学馆的实验室里热火朝天地搞了起来。整个装置是石永康和柳百新一起设计和搭建起来的。

（1）电解中的电解质是含锆的盐和 NaCl。教研室已经有了含锆的盐，而学校里只能找到少量的 NaCl。因此百新与陈林福同学一起骑自行车到外单位去求援。从八大学院一直到东郊大山子的工厂。最后求到了 4~5 千克的 NaCl（化学纯或分析纯）。从上午 8 点出发，一直到晚上才回到学校。

（2）电解需要有能供直流的大电流电源。他们决定用大量蓄电池并联起来以供给大电流。

（3）电解槽需要用耐高温熔盐的石墨（兼阳极）来制造。为此，在学校找到了一段直径约 35 厘米、长半米的电极为原料，需要掏空成一个坩埚。石永康和柳百新设法找到了西直门外一家石墨加工厂，厂里有一台旧车床可以借给他们用。两人高兴地带着石墨电极去那里加工。百新三年级时金工实习中学过车工，因此就承担起车工的活。从下午 2 点到 6 点终于制成了需要的石墨坩埚。回学校前，先步行到西直门外一家小餐馆用晚餐。他们急切需要喝点水，但餐馆只有饮料。两人都不会喝酒，因此要了酒精度最低的"汽酒"（一种特殊的果汁）。一个下午戴着口罩干活，实在是渴，因此两人都是一口喝完。然后是一大盆炒饼。天色已晚，百新起身去拿车好的石墨坩埚时，觉得有些晕，因此想让石永康拿，但石永康说他也不行了。最后，两人互相搀扶着走到 32 路汽车站乘车回到了清华园。

当天夜里同学们就一起开始了实验。熔盐的熔点在 860℃左右，整个系统加热到合适温度（大约有 900℃）并稳定后，开始通电进行电解，在中心的阴极上渐渐长出了海绵状的锆梨。生产锆的初步实验成功了，师生们无比兴奋。

2. 1959—1961 年：建国内第二个反应堆

这是一项全校重点项目，也得到了教育部的重点支持。基地在北京远郊的昌平和南口之间的山沟里（虎裕村）。以 240 专业的师生为主，工程物理系等其他单位也大力支持和参与其中。230 教研室派柳百新参加了以邱大雄为首的工艺组，任务是与设计组协调决定"热室"（hot lab.）的各种参数。（注："热室"里处理高放射性强度的样品，需要很厚的防护墙，观察窗用很厚的防护玻璃制成，操作者用机械手进行远程控制。因此，"热室"的整体，以及其内部的全部设备和操作机械手等都需要与设计组协同确定。）

230 教研室在校本部也进行着重要的科研工作。为了能研制一种特殊的新材料，需要一种毒性非常强的化学物质，而这种化学物质只有上海的一家化工厂能生产。1961 年的春节，百新是在上海老家和父母、弟弟一起过的。寒假后，教研室让百新留在上海，作为代表，去那家化工厂联系并催货。由于这种化学物质的生产不是他们批量生产的产品，量也较小，所以迟迟未能按期交货。对百新来说，寒假后的一个学期是毕业设计时间。大约快五一了，教研室通知百新回校，并派一位老师来接这个任务。回校后，李先生给百新指定了一个课题作为毕业设计，并选定了一本英文专著：*Neutron Diffraction*（培根著《中子衍射》）。百新用一个多月的时间，写出了读书报告，作为毕业设计的报告。后来教研室老师告诉百新，根据百新五年半的成绩，教研室已经决定让他毕业后留校任教了。因此，百新于 1961 年 7 月正式毕业，并于 9 月开始在工程物理系核材料物理教研室工作。第一年是试用期，1962 年成为正式的助教。

3.7 理工结合"工物人" 报效祖国无止境

回顾六年期间在工程物理系完成的大学学业，百新深深感受到了理工结合 / 交叉的教学理念的突出优点。从 1956 年工程物理系正式成立起，不断为国家培养出一批批栋梁之材，他们在各条战线上，为国家的四个现代化做出了突出的贡献。1958班毕业的王大中院士，在核能领域做出了杰出的贡献，于2017年新中国成立68周年时，荣获国家最高奖。另据不完全统计，截至2016年建系60周年，共培养了30多位中国科学院和中国工程院的院士。工程物理系的师生中，在国家核试验基地工作的有11位将军，还有5位校友成为国家的高级领导干部。

核材料物理专业也不例外，1962年毕业的李冠兴（中国工程院院士），毕业后一直在核燃料原件制造厂工作，做出了杰出的贡献。2010年起，他担任核学会的理事长。1965年毕业的周克崧（中国工程院院士），毕业后一直研究材料表面强化技术，长期担任有色金属研究院广州分院的院长，在科技领域做出了优异的成果。1961年毕业的石永康高工（研究员），毕业后一直从事核材料的研究工作。特别是，他发挥了对核科学和技术全方位的理解，成为建造我国第一座先进研究反应堆（China Advanced Research Reactor，CARR）的工程部总经理，该反应堆于2018年达到了临界并正式运行。也就是在同一年，我国首次建成了试验型的快中子堆（China Experimental Fast Reactor，CEFR），该反应堆的总工程师是1961年（反应堆专业）毕业的徐銤（中国工程院院士）。

每当工程物理系的校友聚在一起时，大家无不感恩清华大学基础课老师对他们全面的教导和培养，感恩工程物理系全体老师对他们亲切的教导和关怀，他们都牢记蒋南翔校长的训词："健康地为祖国工作50年。"在退休后继续发挥余热，为祖国的四个现代化做贡献。

教学科研篇

第四章

初级助教开新课　鄱阳湖畔种水稻

4.1　毕业留学任助教　主讲固体物理学

1961 年 9 月，柳百新毕业后即留在清华大学工程物理系核材料物理（230）教研组工作（第一年为试用期），从 1962 年 9 月起，才成为正式的助教。

第一项教学任务就是要在 1962 年寒假后，给 1963 届的本专业学生开出一门 40 学时的"固体物理"。百新粗读了几本中英文的固体物理专著，感觉都不太适合作为教学用书。正在此时，高等教育出版社出版了复旦大学谢希德和方俊鑫两位教授编写的《固体物理学教程》的上册，非常适合作为教材。但在北京尚未能看到下册。为了能对这门课程有一个全面的了解，需要粗读一下下册。百新以十分诚恳的态

2001 年原教研组全体成员为祝贺李恒德院士八十岁寿辰时合影

前排左起第四位是李恒德院士，其左上侧是柳百新

度，直接给谢教授写了一封求助信，希望能了解这套书下册的内容。出乎意料但又令人惊喜的是，没过几天百新就收到了谢教授寄来的已经出版的下册，两位教授还在扉页上签了名。因此，百新用半年的时间备好了课，写好了全部 40 学时的教案。连续两年，为 1963 届和 1964 届的学生讲授固体物理课。有趣的是，当年百新还不知道谢教授是一位资深的女科学家和教育家。一直到 1982 年，百新在加州理工学院（Caltech）访问研究期间，第一次见到了谢教授本人，她当时正带领中国科学院的一个代表团在美国考察访问。

1964 年，由于教学计划和大纲的改革，百新又与其他老师一起，给 1965 届的学生讲述过一次"金属物理学"。1966 年开始了"文化大革命"，学校正常的教学工作全部停顿了下来。

4.2　劳动接受工农再教育　鄱阳湖畔学习种水稻

1967 年 7 月 27 日，上级领导派工农兵宣传队（简称工军宣队）进驻了清华大学，领导师生员工进行斗、批、改运动。当年的百新对这个运动不太理解其目的和意义，自己是一名小助教，够不上成为被批判的对象。1969 年 5 月，清华大学的军代表第一把手宣布，在江西省办农场，让教师们去那里接受"再教育"。1969 年 7 月，百新是第三批去江西的，农场建在位于离南昌市一小时船程的鄱阳湖畔，筑堤而成的一片农田，其名称为"江西鲤鱼洲农场"。据说，过去是一个劳改农场，后来迁去了他处。清华大学的军代表就选择在这里办农场。清华大学在那里共分为六个连队。百新被分配在五连，这个连由工程物理系和自动化系的人员组成，共有 150 位"五七战士"。连长是 230 教研室的马老师，指导员是新华印刷厂派来的一位干部。 和百新在一个班的有几位教研室一起来的张效忠、尤引娟老师等。他们一起下水稻田，学习插秧、收割、上场、打粒等的全过程，也亲身体验了南方农民在（气象学上定义的）45℃的艳阳高温下，在水稻田里耕作的艰难，真是"粒粒皆辛苦"啊。

"文化大革命"期间到江西鲤鱼洲下乡劳动期间，
百新获"五好战士"荣誉

劳动了一段时间，五连的领导把百新调到了炊事班去劳动，为全连做饭。这个班共有 10 人，司务长王老师，采购员一人，炊事员师傅三人，八级钳工霍步云老师傅，青年教师四人。那三位炊事员师傅的技术水平都很高，有擅长做面食的，有做得一手好菜的，但在那里没有好的食材，也就无法展示他们的厨艺了。青年教师甘当劳动力，每天一早，从堤坝内下到湖边去挑水，供一天做三顿饭菜之用；做饭时就当助手，为炊事员师傅们添柴烧火。

1969 年年底，全农场开展评选"四好连队"和"五好战士"。炊事班也有一个名额，工人师傅们建议评给青年教师。百新在下水稻田劳动时，努力学习农活技术；在炊事班里劳动，为了让他人休息好，多次抢先承担做早饭的任务。为此，凌晨 3 点起床，从点火开始，做出一大锅米饭和一大锅米粥，保证 5 点半开饭。评选结果是百新被推荐为 1969 年度的"五好战士"。与此同时，清华大学的斗、批、改的运动也到了整改阶段，需要在教学和科研方面都做出些具体的业绩来。当时清华大学试验化工厂（代号为 200 号）的技术负责人，提出了一项重大的科学工程项目，并得到了上级领导的批准。而且学校领导同意这项工程项目，可以向其他系、所调来所需要的技术人员，被调动人员的名单在 12 月底发到了鲤鱼洲农场，其中附加了一条指令：如果被调人员在农场表现不佳的话，农场领导有一票否决权。当晚，农场公布了被调人员的名单，百新在名单之中。他的一个好友，1962 年毕业留在 200 号工作的邱学良老师也在其中。

第五章

不平凡年代的科研　坚持求实科学作风

　　1969 年 12 月底，柳百新奉调回到了北京，并立即去昌平和南口之间的 200 号报到。"文化大革命"期间，政治上一切由"工军宣队"领导，研究人员的队伍也按军事编制。研究材料科学问题的人员编制为三连，连长是 200 号革命派的工人师傅，指导员是部队派来的一位军代表。百新和邱学良都被分配在三连一班工作，共约 20 名成员。班长马老师和书记李老师都是从 230 教研室调来的。同组的还有 10 个清华大学的"新工人"，他们是 1964 年或 1965 年入学的本科生，念了一两年书"文化大革命"就开始了，到 1970 年他们也就算毕业了。

　　200 号的技术负责人给三连一班的第一个科研任务是：研究一种低 Cr- 合金钢与液态金属 Bi 之间的相互作用。在这项重大项目的设计方案中，设计者选择了一种低 Cr- 合金钢作为主要的结构材料，在其中运行的是高温的液态金属 Bi。从热工设计的角度来讲，温度越高，效率越高。因此给这个班的任务是：通过实验得到这种合金钢在 800℃

液态金属 Bi 中的腐蚀性能数据。第一步是制造出实验设备，邱学良做出了静态腐蚀罐的设计，百新则发挥了大学三年级时学过的车工技术，将石墨电极棒掏空成了一个石墨坩埚。经过努力终于建成了静态腐蚀实验装置。第一轮实验进行了 500 小时，由全体成员三班倒完成。实验结果令人失望。因为经过 500 小时后，试样的材料表面已变成了海绵状。技术负责人不得不调温度指标到 650℃，结果仍是这样。再次降到了 550℃，试样的材料表面还算可以接受。但是从热工的角度来讲，已经降低了工程希望达到的高指标。

200 号的技术负责人还是要求进行下一轮的动态回路实验，检验低 Cr- 合金钢制造的管材在流动的液态金属 Bi 的工况下的性能。邱学良、百新和其他"新工人"经过苦战建成了动态回路。三班倒运行了 500 小时，取出试验的样片，其面向液态金属 Bi 冲击的断面已经成了刀片状。根据金属学的知识，低合金钢要用在 800℃的工况是不可能的。因为钢是 Fe-C 合金，其平衡相图上显示，在 732℃有一个相变点，要材料在相变点以上工作是不可行的。文献上也曾有过报道：美国一家研究单位做过类似的实验研究，其结果表明在良好的工况下，使用温度不能超过 550℃。

一年半后，200 号的技术负责人提出了新的大方案，给这个班下达的科研任务是研究三元金属熔盐（metal-fluorides）对结构材料的腐蚀性能。他经过文献调研，选择了美国牌号的一种高 Ni-Hastalloy 高温特种合金。而当时国内没有一家钢厂生产过这种高温特种合金。"文化大革命"期间，科研工作的口号是"三边"：边设计、边实验、边施工。上级领导把试制任务交给了国内的一家钢厂。过了一段时间，厂家送来了试制的合金样品。邱学良和百新对其进行了金相分析，发现这种合金本身尚未达到均匀化的程度，把分析报告如实向领导报告。

大约又过了一年半，200 号的技术负责人再次改变了大方案，新方案中的主要材料是石墨，特别是需要用大量的石墨小球（直径约为5 cm）。班里领导给了百新一个挑战性的课题：测定石墨球的弹性常数，例如杨氏模量 E 参数。百新在材料力学课程中曾学过用力学拉伸机，样品上贴加应变片的方法测定棒状样品的杨氏模量 E。这种方法显然不适合用于测定石墨球的性能。因此百新思考用其他物理原理来做这项工作。为此，他做了仔细的文献调研，学习了著名物理学家瑞利（Rayleigh）关于物体的振动频率与弹性常数之间的关系，特别是各种几何形状的物体中共振频率与弹性常数的关系。恰好当年在北京曾开过一个比利时的仪器展览会，展出过一台很精细的仪器，能测定物体的弹性常数。展览会后，这台仪器被北京建筑材料研究总院购买了。百新立刻去那里与主管的研究员进行了讨论。设计了圆环形片状的石墨样品，成功测定了高温下石墨球中热应力时需要的有关参数。

过了不久，1976 年 10 月，随着"四人帮"被打倒，这里的重大科学工程也就此结束了。回顾在这不平凡年代的科研工作，如果不坚持实事求是的科学作风，现实是会给人教训的。

第六章

重返工程物理系　选择交叉新方向

6.1　重返工程物理系　"百废待兴"重起步

1978年，学校为了恢复教学和科研工作，对"文化大革命"中被调到200号去的人员进行重新调整。工程物理系就把百新调回核材料物理教研室工作。当时的教研室面临的正是"百废待兴"的情景。就教学工作而言，自工程物理系1956年成立以来，已经培养了八届毕业生，因此本科生的教学比较容易恢复。而为了建立培养研究生（包括硕士和博士）的制度，教研室必须开展高水平的科学研究，因此最迫切的任务是选择今后的科研方向。

为了了解当时国际上材料科学的最新发展，1978年，作为学术带头人的李恒德教授曾去匈牙利布达佩斯，参加了第一届离子束材料改性（Ion Beam Modification of Materials，IBMM）国际会议，他分析IBMM是核科学技术与材料科学交叉的新领域，国际上刚开始起步，国内也仅有一两家单位在计划中，因此向教研室提出以"离子束材料改性"作为科研的主攻方向。

1979 年，应中国科学院的邀请，美国四位 IBMM 领域的专家来中国交流访问，他们是：加州理工学院的 James W. Mayer 教授、S. S. Lau 副教授、IBM 公司的 James F. Ziegler 教授和美国海军研究实验室（Naval Research Laboratory）的 Eligius Wolicki 教授。他们先在上海做了一星期的讲座，由上海冶金研究所主持。百新也去上海听讲，在会上他向几位教授提出一些问题。之后，四位专家来到北京访问，安排到清华大学访问一天。李恒德教授主持接待，百新努力做好协助工作，并负责送往迎来，在整个过程中，与 Mayer 和 Lau 两位教授有较多的交流。

这一年，在李恒德教授的领导下，大家希望能在离子束材料改性方面做出一些成果来。离子注入就到北京师范大学的低能核物理研究所去做，分析工作利用学校原有的仪器。到年末，陶坤老师和百新在 N 注入 Ti 后，在材料表面形成了 TiN 硬化层。百新和白新德老师在 B 注入 Fe 后，在 Fe 的表面形成了 Fe-B 非晶态合金层，显著改善了材料表面抗腐蚀的能力。李恒德教授就和大家一起讨论这些结果，撰写一篇论文："离子注入金属表面改性"，并将其摘要向第二届 IBMM 国际会议投了稿。不久就接到了通知，论文被接收了。1980 年夏，李恒德教授带着论文，参加了在美国纽约州 Albany 举行的会议，这是打倒"四人帮"后，230 教研室发表的第一篇被 Science Citation Index（SCI）收录的论文。

6.2　选择离子束改性新方向　引进高能的离子加速器

为了全方位开展 IBMM 领域的科研工作，必须有两台大型的离子加速器设备。当年清华大学微电子研究所为了用离子束方法制作硅（Si）

基的芯片，所长李志坚教授（1991年当选为中国科学院院士）也向学校提出引进相应的设备。在学校领导的协调下，微电子研究所先引进一台400千电子伏离子注入机，而工程物理系引进一台1×2兆电子伏分析用的串列加速器。李恒德教授于1978年在布达佩斯参加IBMM会议期间，曾与荷兰高压工程公司的代表谈论过引进离子注入机的事务。经联系后，该公司及时向清华大学提供了一份400千电子伏离子注入机的报价单。

　　进口大型的设备需要进行技术和商务谈判，地点安排在海淀区二里沟仪器进出口公司的"谈判大厦"。星期一的早上，谈判大厦五楼的谈判室里，一边是中方代表：微电子研究所的李维中老师（首席）和周育诚等共六位老师，微电子研究所还请百新担任翻译；另一边是荷兰高压公司的代表，包括Peter先生共三位。李恒德教授因为先前在匈牙利见过Peter先生，因此第一天也来到了现场。大家稍稍寒暄了一会儿便进入正题。10点为茶歇时间，李恒德教授看到百新翻译得十分流畅，双方交流没有任何问题，起身对百新说了一句"交给你了"就回学校去了。星期一到星期三的谈判进行得很顺利，但当清华方面提出需要加一个"技术验收指标"的要求时，谈判却陷入了僵局。中方提出需要对离子注入后样品的"均匀性"确定一个验收指标。荷兰高压公司认为并不需要，因为他们的机器在设计中就保证了注入样品中的"均匀性"。他们还强调：假如注入用的硅片，其本身具有不均匀性；以及注入后，用来检测性能的仪器也可能存在误差。谈判只能暂停。

　　星期四上午，清华大学邀请三位荷兰高压工程公司的人员到微电子研究所参观，当清华的研究人员向Peter先生介绍一台从美国进口的电子能谱仪的时候，百新马上想出了一个技术验收的方案，便对Peter先生说："May I suggest to establish the following acceptance condition, i.e. by buying silicon wafer from a Germany company, ion implantation by your machine and then test the properties by this instrument imported from USA?"

这个方案显然排除了荷兰方面的疑虑，Peter 先生听了之后微笑着回答："Prof. Liu, you won."

星期五正式签订了合同，晚上荷兰方面在友谊宾馆举行答谢宴会，清华的校领导也到会表示祝贺。这项总价格为 50 万美元的引进工作就此顺利完成。次年在机器即将制造完成时，清华大学微电子研究所派出三位教师前去荷兰，接受相应的技术培训。机器运到清华大学后，他们就与荷兰方面的专家和工程师一起进行安装及调试，直到能独立运行这台 400 千电子伏的离子注入机。之后，李恒德教授又向科技部建议并获得了资金，引进了 1×2 兆电子伏分析用的串列加速器。由此，在校内具备了开展全方位 IBMM 科研和开发工作的基本条件。

1986 年，柳百新应邀访问荷兰阿姆斯特丹的 FOM 研究所（Institute of Fundamental of Matter）期间，顺访荷兰高压工程公司。

柳百新与 400 千电子伏离子注入加速器

第七章

访问知名学府加州理工学院
创新成果与国际交流双丰收

7.1 初到古朴典雅的学院 Marc A. Nicolet 教授的研究组

1980 年 2 月，清华大学选拔第二批出国访问研究人员时，提出了公平、公正、公开的原则，规定各系可以选派多名（1:3）教师参加专业和英语的选拔考试，按成绩"择优录取"。李恒德教授亲自找百新谈话，告知教研室推荐百新参加考试。

当时的准备时间只有 20 天，需要复习"金属学"和"X 射线衍射分析"两门专业课，以及必考的英语。考试在 3 月 1~2 日两天进行。百新的专业课比其他参考人高出了 20 分。学校外事办公室的王积康教授出英语的考题，王教授就用她前不久出国带回来的 TOEFL 作为试题。考场设在主楼一个语音室，每个考生在一个隔离间里，用耳机听讲和

1980 年 8 月，教委为预备去美国访问研究人员举办的英语培训班，全体学员与美国教员的合影，前排左二是柳百新

考听力。由于当时参考的老师们没有听说过 TOEFL 代表的是 Test of English as Foreign Language。因此人人都很紧张。考前，有一位英语系的副教授给大家做了 20 分钟的说明和规则讲解。百新凭着过去的英语基础，成绩位列全体考生中的前五名（含两位英语教师）。学校领导按"择优录取"的原则，批准了百新申请去美国访问研究。李恒德教授建议百新申请去美国加州理工学院（Caltech）访问研究，因为当时 Caltech 的一个由 Profs. James. W. Mayer 和 Marc A. Nicolet 领导的研究组被公认为离子束材料改性的先驱。当年办理好了一切手续后，百新获得了赴美的签证。

1981 年 1 月底的星期三，柳百新乘坐国航 CA-981（波音 747）大型客机，从北京出发，经停上海，直飞美国西海岸的旧金山。我国总领馆派出工作人员接机，到位于 Laguna Street 的总领馆停留两天。百新用 coin operated phone 联系了当时在加州理工学院访问研究的工程物理系张礼教授。星期五，百新乘坐美国联航（UA）飞赴美国第三大城市，南加州的洛杉矶。张礼教授顺利接到了百新，直接驱车去洛杉矶西北方向约一小时车程 Caltech 的所在地帕萨迪纳（Pasadena），并告诉百新已为他安排了暂时的住处。接待百新的是工程物理系的系友黄因智研究员。黄因智是中国科学院高能物理研究所派出的访问研究

1981—1982 年，柳百新由国家教委公派去美国加州理工学院（California Institute of Technology，Caltech）访问研究

员，居住在 North Allen Avenue 的一套简易的公寓，其客厅里的多功能沙发，晚上可以扩展为一张床。而且，张教授的访问到 2 月底就将期满，可以介绍百新接下来住他租住的房子。因此，百新一落地，不必为找住房而分心了。

下午，张礼教授带百新来到 Steele Building 三楼电机系 Professor Marc A. Nicolet 的办公室。（当时，Prof. Mayer 已经转到 Cornell University 去任教了。）三人简单见面问好后，Nicolet 教授就带领百新去学校办公室办理入校手续。办公室位于 Caltech 校园内唯一的一栋 12 层的高楼，以著名物理学家密立根（Millikan）命名的图书馆兼行政大楼（Millikan Library and Administration）的三层的大厅。秘书 Ms. Flanagan 友善地接待百新，填写了好几份表格，其中重要的一份是确认百新在 Caltech 所做出的全部成果（包括论文和专利等），其知识产

1982 年，柳百新的一位小学同学白植之先生和夫人从加拿大到美国出差，顺便看望柳百新，一起在 North Allen 的公寓门前合影

柳百新在美国加州理工学院访问研究期间居住的简易公寓（42 North Allen Avenue）

权均为 Caltech 所有。并告知需要去有关部门办理工作证和社会安全号（Social Security Number）。其间，校长 Prof. Marvin Goldberger 从他的办公室走到办公大厅来看看。百新立即起身向他致敬，表示很高兴第一天到校就能见到校长先生，Prof. Goldberger 友好地表示欢迎并让百新继续办理手续。办好各种手续后，返回 Nicolet 教授的组里，正好赶上星期五下午组里的例行学术讨论会。他就坐下来仔细聆听，居然还能提出一些问题，这给 Nicolet 教授和其他学者留下了很深的印象。

会后，黄因智开车带百新回到家里，接到 Nicolet 教授的电话，邀请百新第二天星期六和他及夫人 Hannedori 一起用早餐。第二天在餐桌上，Hannedori 很热情地招待百新用餐，她发现百新在这样的场合，英语对话很流畅，因此觉得很惊讶，因为终究中国与外界隔绝已经有30 多年了，而百新是第一次出国。过了周末，百新办好了工作证，而且到专门的办公室申请了个人的社会安全号，这是在美国有正式收入的个人，必须预先按比例交税的个人登记号。没有这个号前，雇佣单

百新在美国加州理工学院校园内 Keck Laboratory 前的留影

位是不能发薪金的。

　　柳百新加入的研究组的领导人 Dr. M.A. Nicolet，原籍瑞士，是一位非常精明睿智的教授，他在巴塞尔（Besal）大学获得博士学位，毕业后到加州理工学院工作，一直晋升到终身教授。他的习惯是每天到办公室比一般人都早，对待科研工作极其认真严谨。他有一位很得力的秘书 Ms. Michelle Parks；实验室还聘请了两位技术员。另外有研究人员 7 人，博士研究生 4 人。百新被安排在一间共 4 人的办公室，与他同室的有 Dr. Bruce Paine（澳大利亚人）、Dr. Leszek Wielunski（波兰人）、连仁德（台湾大学来的博士生）。组里还有一位当时在加州大学圣迭戈分校担任副教授的 Silvanus S. Lau（大家都直呼他的名字 S.S.），1981—1982 年，他每周到这个组来合作研究一天，也算是访问研究人员。巧合的是，Prof. Lau 作为离子束材料改性代表团的成员于 1979 年来中国访问交流，在清华大学与百新见过面并交谈过，可以说是老朋友了。

精明睿智的 M.A. Nicolet 教授

柳百新在美国 Caltech 访问研究期间，在 M.A. Nicolet 教授的研究组工作。1988 年回访 Caltech 时，与 Nicolet 教授及其夫人 Hannedori 在教授家里的合影

7.2 一年努力工作有成效 MRS-Fall Meeting 做报告

当时这个研究组的主要研究方向是薄膜、扩散阻挡层、硅化物、固态外延生长和离子束混合。研究工作中最主要的两个实验方法是离子注入（400 千电子伏）和离子束分析（1.5 兆电子伏）。百新很快就学会了操作这两项技术。按照 Nicolet 教授和 S.S. 的建议，先选择了金 - 硅（Au-Si）和金 - 锗（Au-Ge）两个合金系统作为研究课题。经过几个月的工作，得到两方面新的结果。一是，在 Au-Si 界面混合研究中观察到很有趣的现象，即在一定剂量时可以达到均匀的混合；然后继续离子注入更高剂量时，有可能促使它们重新分离。二是，合成了一个新的 Au-Si 合金相。百新撰写了两篇论文，投稿到美国材料研究学会（Materials Research Society，MRS）于 1981 年 11 月举行的秋季会议（Fall Meeting），9 月份得到通知，一篇接收为口头报告（oral），另一篇为大字报展出（poster）。

邀请函收到了，确认可以去波士顿参加会议。柳百新就开始准备

柳百新正在装载背散射分析的样品

柳百新在做离子束混合实验的时候，仔细地调节 400 千电子伏注入机
的离子源，调节出最佳的束流强度

做报告用的透明片。那时不像现在有方便快捷的 PPT，所有的投影透
明片都要自己用油笔或荧光笔提前写好。柳百新的工作作风是什么事
儿都要提前完成，因此很早就把参加会议的材料都准备好了。

Nicolet 教授的严格是出了名的，每次不管谁去向他报告结果，他

1981—1982 年，柳百新在 Caltech 物理系的 Kelloge Laboratory 用 2 兆电子伏离子加速器做背散射分析实验

都会问：这个结果能不能被重复？标注得是否准确，以及数据的真实与否等。他有时候还要对重要的数据亲自计算核对一遍。在准备到波士顿参加会议前的一个晚上，他把有关研究人员请到家里，一个个地讨论他们的文稿，不辞辛苦，一直忙到晚上 12 点多才结束。结束后，他知道百新是骑自行车来的，怕晚上骑车不安全，因此亲自开车送百新回家，这给百新留下了很深刻的印象：Nicolet 教授不但治学严谨，同时他也处处替人着想，乐于照顾别人。

参会的日子马上到了，最终结果确定：Nicolet 教授的研究组有 9 篇论文要在会上发表，共有 6 位研究人员去波士顿参加会议。出发的那天是星期日，早晨 7 点左右，Nicolet 教授的夫人 Hannedori 亲自开车送（Nicolet）教授、百新和其他两位学者一起去机场。洛杉矶飞到波士顿，虽然是直航，但美国东西部跨度很大，飞行 5 个半小时，加上 3 小时的时差，9 点起飞的航班到达波士顿机场时天都已经黑了。Nicolet 教授非常熟悉当地的情况，他带着百新和 Dr. Wielunski 坐地铁进城，大约坐 6 站后从地铁站出来，马路对面就是会议的地点 Park Plaza Hotel。

在会议的大堂里，百新再次遇到了美国工程院院士、康奈尔大学的 James W. Mayer 教授和夫人 Betty，Mayer 教授是离子束材料改性领域最早的先驱和奠基人之一，1979 年曾访问过中国，因此曾经与百新见过面。百新的报告时间快到的时候，Mayer 和 Betty 就对百新说："Enjoy your talk！"用以预祝百新报告成功。

柳百新在会上报告他在金 - 硅系统中，观察到离子束辐照导致的界面混合及随后的分离现象。会议主持人、贝尔实验室的著名学者 Dr. John Poate 给予很高的评价："Excellent presentation and nice service！"会议中间休息时间，阿贡国家实验室（Argonne National Laboratory）的两位学者 Dr. N. Lam（之后，Dr. Lam 担任美国物理学会主办的期刊 *Applied Physics Letters* 的主编）和 Dr. L. Rehn，走过来与柳百新讨论，说他们也看到过与百新报告的类似现象，今后愿意进行深入的交流。同时也有其他一些学者过来提问和讨论，因此百新通过参加会议和在会上的报告认识了很多同行学者。中午时间，与会的很多学者都到附近的麦当劳用快餐，一是价格比较便宜，二是节约时间。百新也到那里去用餐，在那里又结交了一位学术朋友，美籍华裔科学家 Dr. L. Lam（林业基先生），他也是阿贡国家实验室的

1981 年 12 月初，柳百新在参加美国 Materials Research Society–Fall Meeting 后，在美国麻省理工学院 (Massachusetts Institute of Technology, MIT) 的主楼前留影

一个研究组的负责人。两人在用餐中交谈得很高兴，林先生还郑重地对百新说，有机会希望能到阿贡国家实验室去访问交流。之后，百新曾多次去阿贡国家实验室访问交流，还推荐过 230 教研室的潘金生教授到林先生的研究组里工作过一年。第一次参加国际会议，让百新深切体会到了学术交流的重要性。百新经过近一年的努力工作，将研究成果到会议上做报告与同行分享，使大家了解自己的工作，并与自己讨论相关的科学问题，还可能与自己成为朋友——这就是学术会议的意义所在。

7.3　勇于承担新课题　实验论证新思想

百新第一年的研究工作告一段落，准备迎接 1982 年元旦时，Nicolet 教授交给百新一项新的挑战性很强的科研任务。其任务的来源是：在固体器件研发中，需要一种具有特殊性能的薄膜材料，简言之就是要研制出非晶态合金的薄膜。事实上，1981 年曾有一位法国博士后做了一年，但结果不太成功，也就是说没有成功。百新听后觉得"非晶态合金"是与金属合金材料有关的课题，与自己所学专业基础相近，就欣然接下了这项任务。

20 世纪 50 年代，美国加州理工学院的 P. Duwez 教授，率先用液态金属淬火（liquid melt quenching）的方法，获得了第一个 Au-Si 非晶态合金（后来人们也把它称为金属玻璃），从而开拓出一大类具有特殊结构的新型材料。非晶态合金是一种亚稳的材料，是把液态金属合金的结构冻结下来而形成的材料，假如将它加热到一定的高温，会转变为平衡相图中对应的合金相结构，这个温度被称为非晶态 - 晶态转变温度。

百新的任务是要用多层膜离子束混合（ion mixing of multiple layers）的方法制备出非晶态合金。但这种方法尚未有制备出非晶态合金的结果。因此，百新就先去查阅用液态金属淬火制备出非晶态合金的文章，在图书馆找到 3 篇最新的综述性论文，通过这几篇论文整理出 20 多年来已经得到的几十种非晶态合金。百新用经典的金属学理论对之进行综合分析，得出了一个印象或感觉：绝大多数已经制备出非晶态合金的合金系统中，两个组元金属是具有不同结构的，即具有"结构差异"的合金系统是有利于形成非晶态合金的。反过来再查证已经发表的实验数据，实验结果是支持"结构差异"假设的。

百新接下来要完成的艰巨任务就是用实验结果来论证这个假设的科学性。经过思考，他首先选择了镍 - 钼（Ni-Mo）系统（Ni 是面心立方，Mo 是体心立方），准备做一个初步的验证实验。不巧碰上研究组里的技术员休假。研究组里两位担任研究助理的中国籍博士研究生伸出了援手，他们很快帮助百新制成了第一块 Ni-Mo 多层膜样品（蒸镀在 SiO_2 基体上）。

1982 年 1 月 24 日星期六，正好是农历大年三十这一天。百新的大部分时间是在实验室里度过的。从早上 8 点开始，他一个人推着工具车去领液氮，启动离子注入机，调好束流和扫描的均匀性。就开始用 Xe 离子注入诱导 Ni-Mo 多层膜的混合，下午 2 点完成。因为需要等整个系统恢复到常温后才能打开样品室，他就先骑车回家用午餐。下午 6 点再到实验室把系统打开，选择一个样品放在 X 射线衍射仪上做结构分析，设置好定时曝光 7 小时，到时自动停机。这个实验结果的悬念要等过完春节回来再揭开，因为那天他应邀到一位中国朋友陈老先生家去过春节。

初三过完了，初四百新就急着回到了 Pasadena，直接奔进实验室，急切地把衍射样品罐打开，自己冲洗照片，20 分钟显影，清水漂洗，再 5 分钟定影，然后在红灯下观察。显现在眼前的是具有非晶态相特征的、漂亮的衍射晕（而不是尖锐的衍射线）。第一个实验结果出来了，Ni-Mo 系统，合金成分是 Ni-Mo 的比例为 65:35，成功获得了新的镍 - 钼非晶态合金。有了第一个肯定的实验结果和分析之后，百新第二天一早就去敲响 Nicolet 教授办公室的门："Marc，may I talk to you for a few minutes？""Yes，Baixin，why don't you just come in ？"百新告诉 Nicolet 教授："I have made it." Nicolet 教授听了之后觉得非常惊讶，因为这个课题，1981 年德国的 Dr. Goltz Gerhard 做了一年也没有任何进展，接着就问百新："You made it? Tell me，what do you think？"百新就把自己的想法和 Ni-Mo 系统的实验结果讲给他听，还说下一步准备用一个系统性的离子束混合实验来论证自己的科学假设。Nicolet 教授听完后，认为这是一个重大的进展，立刻想和百新去与应用物理专业的 Williams（昵称 Bill）L. Johnson 副教授一起讨论一下。原来 Dr. Johnson 是 Duwez 教授的博士生，1975 年毕业，后来成为这个研究组的领导人，现今他已经成为本领域的知名专家，美国两院院士。百新便去约请了 Johnson 副教授于隔天的星期五下午一起讨论。

星期五下午 5 点多，Nicolet 教授和百新来到 Johnson 在 Keck Laboratory 三楼的办公室。百新就把自己的想法和初步的实验结果讲述了一遍。因为 Marc 的专业不是金属物理，因此他向 Bill 问了几个问题：以前有没有人提出过"结构差异"的想法？ Bill 答了个 No ；他又问：百新的这个想法是否很重要，Bill 答了个 Yes ；他最后问：百新想做一个系统的实验研究来证明这个假设，是否合适？ Bill 答了个 Yes，sure。Johnson 教授是一位非常聪明的学者，他当时马上想出了一个课题，需要百新帮助，因此他问："Baixin，could you do me a favor？"百新表示当然愿意。接下来，三人就讨论出了一个新的合作课题。原来 Johnson 组里有一位快毕业的博士生 Bruce Clements 的研究方向是拟制备出 Mo-Ru 非晶态超导材料，按理论计算的结果：Mo 和 Ru 假如在非晶状态，其超导临界转变温度有可能得到 10 K 以上。由于这两种金属的熔点较高，而液态金属淬火的冷却条件不能将其液态结构保留下来，因此得到的是晶态合金，而其临界转变温度只有 1 K 以下。Bill 介绍说 Mo 是立方结构，而 Ru 是六方结构，按百新的想法：具有"结构差异"的合金系统，是能得到非晶态合金的，你能否在论证性实验中把 Mo-Ru 系统作为一个"立方结构 - 六方结构"的代表性系统？百新请 Bill 找出 Mo-Ru 系统的平衡相图来检查一下。Bill 就带百新到隔壁 Prof. Duwez 教授的房间去找资料，还说 Duwez 是一个 Encyclopedia（百科全书）。Duwez 教授虽然已经退休，但每天还是到办公室来，希望有机会和大家一起讨论科学问题。他友善地接待百新，并立即在书柜里找出了相图手册。百新对 Mo-Ru 相图做了分析，认为这个系统中是应该能制备出非晶态合金的；Bill 也答应去定购需要的 Ru 金属。三个人的深入讨论，就此产生了一项合作研究的课题，不知不觉 3 小时很快过去了，已经是晚上 9 点，大家都忘了用晚餐。百新每每回忆起那个傍晚的情景，不禁感慨万千：加州理工学院科学研究的氛围真是不一般，大家讨论起科学来真有些忘我的状态啊。真正是科学研究中追求真理，研究科学不是一种负担或压力，而更像是一种独特的享受。

面对这个科学问题，百新很冷静地考虑并拟定了下一步的工作。他用经典的金属学理论进行了分析，影响合金相结构的主要因素有三个：金属的结构、原子尺寸和电负性。因此，为了论证"结构差异"是主要的决定性影响因素，还需要做一个全面的离子束混合实验。首先，金属主要有三种不同的结构，即面心立方、体心立方和密排六方，那么这三种不同结构的组合就有三种可能性，即 A-B、A-C 和 C-B。百新共选择了 8 个合金系统，在保证"结构差异"的条件下，这些系统

中的原子尺寸和 / 或电负性的参数是任意的（既有很大差异的，也有差异为零的）。

百新经仔细考虑，选定了 8 个二元合金系统，每个系统中设计若干不同的合金成分，共计 15 个样品。每个样品都通过调节两种金属的相对厚度来得到不同的合金成分。准备好氧化硅片，按清洗程序清洗干净，组里的一位技术员用两台超高真空系统，用两天的时间制备了百新设计的 15 个样品。以后的离子注入实验完全由百新自己做了。对每一个成分的合金样品设计了 7 个不同的离子辐照的剂量，因此用了一整天完成了共 105 个样品的离子注入。

接下来的第一个分析手段是背散射，在物理系 Kelloge Laboratory 做，用来分析两种金属是否已达到均匀混合，这是研究合金相形成的必要条件，这项工作很快完成了。第二个分析手段是 X 射线衍射，这是一项靠结构分析来判断得到的是晶态还是非晶态合金的实验。因为合金薄膜比较薄，每个样品需要曝光约 7 小时，105 个样品共计需要 700 多小时。即使机器一刻不停地开，也需要做 30 天左右的实验！工作最紧张的时候，百新每天安排 3 个样品，让机器为他服务 21 小时。为了尽快得到概念性的结果，他选择比较有希望得到非晶态合金的样品先做分析，因此做了几十块样品后，"结构差异"的概念就被论证了！然后，他再把每一个样品都做完，因为还可能出现新的现象！那段时间，他一般早上 7 点去实验室装上样品，回家用早餐。从上午在办公室工作到下午 1 点多，换上新样品后才回家吃午饭。然后从下午工作到晚上 8 点，再装上第三个新样品，设好自动停止时间。机器一天处理 3 个样品，很快便完成了全部实验。百新的实验过程非常规范，每天做出来的样品都放进一个小盒子里，在贴面纸上写明其成分和注入剂量。他后来回忆说，那段时间里，他在办公室里放了几盒有夹心花生仁的巧克力（SNICKERS），必要时就用巧克力代替午饭。这样加班加点，一刻不耽搁，1982 年 5 月终于大功告成，实在是不易！看着摆在桌上的一共 105 个样品，4~5 个月的辛苦全在这里啦！他终于用系统性的多层膜离子束混合实验，论证了一个新的 idea："结构差异"是有利于非晶态合金形成的。

7.4　戈登科学讨论会　学术交流新方式

1982 年夏，百新有机会去美国东部 New Hampshire 参加戈登科学讨论会（Gordon Conference），这是一个非正式的科学讨论会，也是一种新的学术交流方式。会议之后没有正式的出版物。会议一般邀请几位本领域的著名学者做大会主旨报告，参会者如想在会上报告的话，需要向主持人申请。会议只安排上午的报告，下午自由活动，即大家可以自由讨论，也可以选择体育活动，如打网球、羽毛球、台球等。这次会议的举办方利用夏天，中学生放假期间，在 New Hampshire 的一个男女生合校，并提供住宿的中学召开这次会议，这样可以借助学校的行政资源来协办会议。这个学校不是很豪华，但校园很漂亮，食堂每天供应的三餐都是非常正规的西餐。例如，用餐中，服务员会让每位用餐人点餐等。

这次会议一个分会的主题是：离子束与固体的相互作用。由 IBM 公司的朱唯干（W. K. Chu）教授和 Dr. Tom Picraux 主持。朱唯干教授是一位著名的华裔科学家，他与 M.A. Nicolet 和 J. W. Mayer 教授一起合著过一本《卢瑟福背散射谱学》，在本领域堪称经典，几乎人手一册。Picraux 博士是 Mayer 教授早年在 Caltech 培养的博士，当时在美国一个国家实验室工作。经 Nicolet 教授的推荐，百新带着离子束混合制备非晶态合金的"结构差异规则"来参加会议。到达会场后，百新

81

找到了 Dr. Picraux，并向他介绍了自己最新的研究成果，Dr. Picraux 听后认为这个发现很重要，就安排百新在会上做 10 分钟的口头报告。

开幕第一天，J. W. Mayer 教授在会上做了主题报告。随后，百新在会上简明扼要地讲清了他提出的"结构差异规则"新概念，引起与会者很大的兴趣，有许多学者走过来和他讨论。休息时，Mayer 教授也与百新进行了交流，并向百新提出在结束访问 Caltech 后，有没有兴趣到康奈尔大学他的研究组里做访问研究，百新感谢 Mayer 教授的邀请，表示需要请示清华大学的领导。参加这次会议的还有其他几位中国学者：北京师范大学的王忠烈从荷兰过来，王广厚是南京大学的，还有一位从山东大学来的。交谈之后，他们发现百新在 Caltech 做这么大量的实验工作，就问他："我们的技术员做一个样品需要等很长时间，你怎么能做这么多的工作呢？"百新便解释说："Caltech 有两台超高真空的镀膜机，有一位技术员专门负责，天天开机为研究人员制备样品，因此效率是非常高的。"而且，在 Caltech 工作中，离子注入机是百新学会后自己操作的。他们听了以后深深地感觉到 Caltech 的设备条件，以及运行模式确实是非常先进的。当然，工作的客观条件是一个方面，更重要的是需要有好的想法。

星期五上午会议结束，中午举行欢送宴请。朱唯干教授邀请百新和他坐在一起，交谈中他评价百新的报告是"会上最好的报告之一"。当天下午，百新从波士顿乘飞机回到洛杉矶，再乘机场大巴回到 Pasadena。事后回想：参加这次会议，所做的创新研究成果得到了同行学者的认同，在会上又认识了本领域的朱唯干教授和 Dr. Picraux，以后可与他们有更多的交流，同时也邂逅了几位国内的同行学者，可谓收获颇丰。

7.5 越洋赴法去与会 大会报告新概念

1982 年的一天，Nicolet 教授收到会议通知：第三届离子束材料改性（IBMM）国际会议将于 9 月在法国的格勒诺布尔（Grenoble）市举行，建议百新将有关的研究结果写成摘要向会议投稿。5 月份，Nicolet 教授告诉百新：Caltech 一共投了六篇文章，都被接收了，会议主席 Dr. J. P. Gailliard 还打来电话告知你的文章是大会口头报告。因此，Nicolet 教授立刻给秘书 Michelle 下了指令，让她去找过去的项目经费中是否有可以用于国际旅行的余款。Michelle 笑着马上去找，一会儿就回来说："Dr. Nicolet，I found money for Baixin to go." 还对百新表示祝贺："Baixin，you become a world traveler."

百新确认可以去法国参加会议，便请秘书 Michelle 帮忙订票，Nicolet 教授推荐的路线是洛杉矶—纽约—日内瓦，从日内瓦坐火车到格勒诺布尔。而回程是从日内瓦坐火车到苏黎世（Zurich），因为苏黎世是瑞士最大的国际机场，可以选苏黎世—纽约—洛杉矶的航班，晚上 9 点就可以到达洛杉矶。如果选择日内瓦—纽约—洛杉矶的回程，将在深夜才能到达洛杉矶。Nicolet 教授如此周到的安排，给了百新一个深刻启发。事实上，处理任何事情，完成最终目标是重要的，但在完成这个目标的过程中，如能够对细节安排得周到些不是更好吗？

下一步需要申请访问法国和瑞士的入境签证。百新先打电话给法国在洛杉矶的总领馆，秘书回复说："你是去参加学术会议的，请拿着材料过来办，我们的副领事可以根据实际情况给你加快。"第二天，百新带着所有材料到了总领馆，一位副领事很友好地请百新进他的办公室，拿出一份申请的表格，并教百新一项一项填写，有些部分他还帮着填写。填完一份之后，再抄写五份，每份上面贴好预先准备的照片。六份全部填写好，检查一遍，副领事答应受理，让回去等电话通知，还亲自把百新送出办公室。在与瑞士总领馆的电话联系中，百新向他们说明不仅要过境，还要经过两次。开会进去一次，回来还要经过一次。得到的答复是：你拿到法国签证后直接来办就可以了。还有一项回美国的签证问题，因为开完会后，百新从欧洲回美国时，也需要新的入境签证，就去校长办公室请示，秘书 Ms. Sheron 说："Dr. Liu, this is a new thing for me." 她拿起电话就打到美国国务院亚洲局："这里是 Caltech，我是校长办公室的秘书，我们这里有位中国访问学者 Dr. Liu 要到法国去开会，他开完会以后还要回 Caltech 完成他的研究计划。"那边的官员在电话里确认了三个信息：Bai-Xin Liu，1935 年 6 月 10 日，出生地：中国上海。美国国务院亚洲局立即寄来了一封信，告知了让 Caltech 校长办公室再给百新签发一份新的 IAP-66，有效期是从 9 月到 1982 年年底。也就是说，百新在美国境外，需要用这份 IAP-66 申请回美国的入境签证。百新又打电话到美国国务院亚洲局，问是否可以在瑞士办理回美国的签证，对方回答得非常客气："你可以在任何一个 American Mission 办理回来的签证，Geneva 当然可以。"所以柳百新计划开完会后，先回到瑞士 Geneva，拿着护照和新的 IAP-66 在那里办理回美国的签证，再从瑞士飞回美国。

1982 年 9 月，百新出发的那天，从 Pasadena 去洛杉矶机场，车程大约需要 1 小时，与百新一个办公室的 Dr. Paine 约好开车送百新去机场。9 点起飞的航班，7 点 20 分，Dr. Paine 才来接百新。快到机场时，遭遇了堵车，根本走不动。已经看见航站楼了，可还有一段距离。Dr. Paine 看到这种情况就说："百新，要不你下来自己走过去吧。"百新就带了旅行包下了车，拼命往航站楼跑去，进了机场在 check-in 的地方也要排队，耐心等到换了登机牌，继续向登机口奔去，总算是赶上了，成为最后一名登上飞机的乘客，他刚登上飞机，机舱门就关了。飞机起飞 5 个多小时后降落在纽约（John F. Kennedy，JFK）国际机场，换机后再飞向瑞士的 Geneva。到达 Geneva 机场后，搭公交车进城，再从城里搭火车到法国的 Grenoble。出机场查签证，入了瑞士的国境；因为 Geneva 在瑞士和法国的边界上，火车一会儿就从瑞士进入法国境内，火车上查入法签证。至此，入法国的签证已经用完了，入瑞士的签证开完会回来还能第二次使用。火车到达 Grenoble 后，下一步是乘公交车去 Grenoble 大学，当时百新也不知道在哪趟车，可是乘务人员也不能用英文交流。正在这个时候，车站上有一位亚裔的女研究生听到百新要去 Grenoble 大学，她说正好也去那里，可以相随一起坐车去 Grenoble 大学。女研究生很热心，还把百新领到会议的接待处。负责接待的工作人员顺利地办好了手续和住宿！奔波了一天，终于到达了目的地。晚上 Nicolet 教授也到了，他听完百新的一路经历，却很高兴地说："Any way，you made it."（反正你做到了。）百新需要好好休息一下以迎接明天开幕的会议，也是因为旅行辛苦了，稍微安静一会儿就进入了梦乡！

离子束材料改性国际会议的固定程序是，上午安排几位特邀报告（每位 30 分钟），其余为口头报告（每位 15 分钟），下午为大字报展示。百新的报告安排在星期三上午 9 点半，届时百新登上讲台，用 10 多分钟时间报告了他做的系统性离子束混合实验，从得到的结果提出了非晶态合金形成的"结构差异规则"。报告过程中，百新每展示一张透明片，就有一位学者用闪光照相机"啪"的一声照下来。会下得知这位学者是巴黎第七大学的 G. Amsel 教授，1980 年曾来清华大学工程物理系工作过几个月，指导并帮助调试分析用的 1×2 兆电子伏串列加速器。他认为百新的这篇报告非常精彩，所以每张透明片他都要照下来。

到 1982 年为止，IBMM 会议总共举行了三届：第一届李恒德教授带着清华大学的刘乃泉教授和北京师范大学的张通和老师去 Hungary 参加会议。李恒德教授还参加了第二届会议，在会上发表的是清华大

1982 年 6 月，柳百新在法国 Grenoble 举行的第三届离子材料改性（IBMM–1982）国际会议上做大会口头报告，在会场前的留影

学的大字报展示。百新赴法国参加了第三届会议，是第一个在会议做口头报告的中国学者，引起了各国同行的关注。

星期五中午，Grenoble 的会议结束了。下午，柳百新和 Nicolet 教授一同坐火车从法国回到 Geneva。出了 Geneva 火车站，百新就乘公交车进市里找到了总领馆，总领馆负责接待住宿的工作人员非常热情，专门为他挑了一个不挨马路的房间。安顿下来，晚上在这里又享用到了美味的中餐。夜里把窗帘一拉，睡得天昏地暗，一觉醒来都第二天 10 点钟了，拉开窗帘天大亮了。这一觉把连日来由于时差和紧张造成的疲劳感全撵跑了，彻底恢复了精气神儿。

柳百新在日内瓦趁周末正好四处游览一下。他对日内瓦的印象非常好，干净而漂亮。日内瓦湖当地语言是"Lac Leman"，湖中有一个人工喷泉，从早到晚用高压水喷向 50 多米高，远远看去非常壮观。湖边有一座用鲜花绿植组成的落地大时钟，直径可能有一米多，而且是 24 小时运转。许多电影院都在放映著名影星英格丽·褒曼的老电影，因为那年这位女明星刚刚去世。百新在总领事馆住的时候，遇到了中国科学院高能物理研究所的谢宇刚教授，谢教授当时在欧洲核子研究中心做访问研究。他用了一天时间陪百新参观了这个著名的研究中心。此外，百新还去参观了 Geneva 的联合国和国际卫生组织，参观过程中，有专门用不同语言讲解的工作人员，百新就跟着英语的讲解人员参观了会议大厅和其他主要部门。为了留下对瑞士的美好印象，百新特意在大众化的百货商店里购买了两块瑞士机械表（男女各一块）。

星期一，柳百新就去 Geneva 美国总领馆办回美国的签证。警卫人员询问来访的事由，百新便解释说："我是中国人，在美国做访问学者，在法国参加学术会议，现在要回美国去，来办理美国的入境签证。"警卫说："这里的美国总领馆只处理 American citizen 的事务，外国人要到首都伯尔尼（Berne）去办理。"百新便把出发前，美国国务院亚洲局官员的建议讲给他听，警卫就放行了，进到领馆里签证很快就顺利办好了。

下一站，柳百新要前往瑞士首都伯尔尼的 Berne University 访问，那个学校的 Prof. M-von Allmen 过去也曾在 Caltech 做过访问学者。1982 年初，他回访过 Caltech，听说了百新最新的工作结果，便邀请百新去访问并做学术报告。百新从日内瓦乘火车去伯尔尼，途中经过国际奥委会的所在地洛桑，然后到达伯尔尼。Berne University 离车站很近，很快就见到了 Allmen 教授。当时伯尔尼也是各种会议旺季，旅馆都是满员。教授和夫人便请百新到家里去住。周四和周五，Allmen 教授在学校安排了一些学术交流活动。百新也报告了他最新的离子束混合研究的结果，引起大家很大的兴趣。做完报告已是中午，Allmen 教授请百新到餐厅去吃意大利面（spaghetti），大家都喜欢坐在户外露天用餐，可以一边晒太阳，一边欣赏地道的欧洲风情。周末，Allmen 教授建议百新出去看看伯尔尼这座美丽的城市。柳百新便去参观了伯尔尼的市容和人们的日常生活情境。在一个露天的广场上，两位先生在用画在地上的国际象棋棋谱对决，每走一步都要亲自去搬动一个棋子。还有一个中学生的乐队在广场上表演铜管乐，为市民们带来欢快的休假气氛。然后百新还去登高，一览城市的全貌。下午 4 点钟按照约定，提早乘公交车返回 Allmen 教授家，与教授全家一起共进晚餐。晚餐后，在客厅里随便聊天，教授家里有很多经典乐曲的唱片，一起听了几段古典名曲，感觉到欧洲人的音乐素养是很高的。百新对古典音乐也很热爱，交谈起来就有许多的共同语言。次日是星期天，Allmen 教授亲自开车把柳百新送到火车站，从那里乘火车去苏黎世，这趟火车还可以直接进入苏黎世国际机场。在机场候机的时候，百新在免税商店(duty free shop)选购了两盒精美的瑞士巧克力。登上飞机，经纽约转机，晚上 9 点半到达洛杉矶。同组的 Dr. Illka Sunni（芬兰人）去机场接的百新，回到 Pasadena 大概晚上 10 点多了。第二天百新把巧克力放在秘书 Michelle 的房间里，请组里的同事们品尝。

两年的访问研究过得很快，百新在 Nicolet 教授研究组里的工作，共发表 9 篇第一作者的论文和 8 篇合作作者的论文，3 次在国际会议上做口头报告。他及时向总领馆做了汇报，不久领馆寄来了 12 月底回国的机票。研究组的秘书 Michelle 知道百新很喜欢在电视上看美国 NBA（ National Basket Ball Association ），组织了一次全组研究人员的欢送百新的聚餐，会后到现场看了一次 NBA。接近年底的一个晚上，Nicolet 教授和夫人 Hennodori 在 Pasadena 一家高档餐厅为百新送行。Nicolet 教授对百新两年的工作业绩给予了高度评价；Hennodori 还转述了秘书 Michelle 对百新起草的论文的评价，她觉得百新的英语比许多研究人员写得更为流畅。晚餐后，二位还请百新到家里喝咖啡，教授还动情地在三角钢琴上弹奏了一曲作为送别。事实上，百新后来还有几次到 Caltech 的访问。1986 年 6 月，与 Nicolet 教授在意大利召开的第五届 IBMM 国际会议上相遇。直到现今，他们还在圣诞节时，互通电话问好。1982 年 12 月底，百新按期回国，并怀着兴奋的心情迎来了 1983 年的元旦。

　　1982 年 2 月，工程物理系的几位系友欢送张礼教授回国前，在 California Institute of Technology, 位于 California Boulevard 的校门前的合影

　　左起：黄因智 Visiting Associate at Caltech Division of Physics（高能物理研究所研究员，1963 年毕业于工程物理系）；张礼教授 Visiting Professor at Caltech Division of Physics（清华大学，工程物理系教授）；夏仁立 PhD Candidate at Caltech Division of Physics（中国科学院理论物理研究所助理研究员，1964 年毕业于工程物理系）；柳百新 Visiting Associate at Caltech Division of Applied Sciences（清华大学工程物理系讲师，1961 年毕业于工程物理系）

第八章

按时回国再创业　十年奋斗出成果

1982 年 12 月底，百新回到了学校，向李恒德教授、主管实验室的范玉殿和陶琨老师汇报了工作，当他们得知百新发表了 9 篇一作，加 8 篇合作作者的论文时，都感到有些惊喜，并鼓励百新把研究工作继续做下去。

百新也向学校科研处处长赵家和老师汇报了工作情况，赵老师就给他拨发了少量的行政开支费，后又拨发了 10 万元设备专用费。1986 年，百新得到了第一项国家自然科学基金课题 4.5 万元。1990 年，百新得到了 "863" 计划的一个课题 10 万元。

1984 年，在建立研究生制度中，230 教研室获批了两个博士点：材料物理化学和核材料。1988 年，在深入教学改革中，清华大学组建了材料科学与工程系，由三个教研室组成：从工程物理系调入的 230 教研室，从机械系调入的金属材料教研室，以及从土木系调入的无机非金属教研室。

1983—1993 年这十年间，有 10 多名研究生在研究组里攻读学位，他们和百新一起努力工作并取得了可喜的成果。

8.1 离子注入下金属氮（碳）化物的形成

氮（碳）离子注入在金属表面层中有可能形成相应的氮化物（碳化物）而改善材料的表面性能。百新的研究组对 20 多种金属做了离子注入的研究，获得多种新的"亚稳合金相"。在 N 离子注入 Ti 的研究中，揭示了新相与母相之间结构匹配的重要性，并用快速切变机制解释了观察到的相变现象。综合阐明了金属氮化物（碳化物）形成中，热力学和生长动力学各自的作用。1989 年应邀为 *Phsica Status Solidi A* 期刊撰写了综述性论文。这项研究工作对材料表面改性有重要的指导意义。例如，在钛合金表面注入氮，在表面层中形成强化的 TiN，能显著改善材料的抗磨能力，在人工关节等医用材料上得到广泛应用。

8.2 离子束混合形成二元非晶态合金的经验模型

20 世纪 50 年代，P. Duwez 教授用液态金属淬火技术获得了非晶态合金（或金属玻璃），从而开拓出一大类与晶体材料具有不同结构的新型材料。在金属玻璃领域中，最重要的科学问题之一是：揭示和阐明其形成规律，从而建立能够预言在什么合金系统，在什么成分范围内是有利于金属玻璃形成的模型 / 理论。

1982 年，百新在 Caltech 访问研究期间，做了系统的多层膜离子束混合实验，率先提出了离子束混合形成非晶态合金的结构差异规则。

论文发表在 *Applied Physics Letters* 上，被广泛引用，有的学者引用时称之为"柳氏规则"。回国后，他带领研究生一起研究，进一步用实验论证了在"金属间化合物"的成分附近也能获得金属玻璃。换句话说，在一个二元合金系统中，有利于形成金属玻璃的成分可以覆盖平衡相图中"两相区"的总宽度（maximum possible amorphization range，MPAR）。即除了具有简单结构的"固溶体"之外的合金成分范围，都是有利于形成金属玻璃的。

西班牙 Valladolid University 理论物理系的 J. A. Alonso 教授提出：用 Miedima 热力学理论计算的合金系统的生成焓（ΔH_{f}）来预言金属玻璃的形成，并预言 ΔH_{f}>+10 千焦每摩尔的合金系统中是不利于形成金属玻璃的。百新的研究组又用实验论证了 ΔH_{f}>+10 千焦每摩尔的系统中也能制备出金属玻璃的可能性。综合上述研究结果，提出了经验模型，即系统的 MPAR-ΔH_{f} 两个参数来预言有利于金属玻璃形成的成分，与已有的实验结果符合得很好。1986 年，应邀在意大利西西里岛的首府卡塔尼亚（Catania）举行的第五届 IBMM 国际会议上做大会邀请报告。会议主席、美国 Sandia National Laboratory 的 Tom Picraux 博士评价为"近年来中国学者在离子束材料改性领域中提出的最好的工作"。1990 年，意大利 Milan 的核技术工程研究所的 P. Ossi 教授在他的论文中写道：柳百新的研究组提出的经验模型是"最成功的"。

1982 年，柳百新回国后一直保持着爱去中国科学院物理研究所读书的习惯。一天，新书速览一栏里一本纯英文版的大部头著作吸引了他的注意力，书名为 *Fundamental Aspects of Nuclear Reactor Fuel Elements*，学科的敏感让他意识到这本书如果能翻译成中文将对相关领域的研究大有裨益。于是，他找到当时的学术带头人李恒德老师，在李老师的组织安排下，潘金生、柳百新、马春来、李文治几位老师分工合作，共同努力完成了《核反应燃料元件基本问题》（［美］唐纳

1986 年，柳百新在第五届离子材料改性（IBMM–1986）国际会议（意大利，卡塔尼亚岛）上做大会特邀报告。右立者为会议主席，美国 Sandia National Laboratory 的 Dr. Picraux

德·奥兰德（D.R.Olander））一书的翻译。该书共分为 21 章：前 8 章是统计热力学、固体物理以及物理化学中有关基础的介绍；第 17~19 章是对辐照损伤和辐照效应理论的阐述；其他各章是针对核燃料和核燃料元件基本问题的专门分析。翻译完毕交由原子能出版社出版，分上下两册，上册包括第 1~16 章，下册包括第 17~21 章以及附录和索引。上册于 1983 年 8 月出版，正文 557 页；下册于 1984 年 3 月出版，正文 386 页。读者不仅可以从书中学到基本的知识和原理，而且能够学到在这一领域中研究工作者试图阐明问题和解决问题时所采取的途径与方法。可供从事核材料研究的科学技术人员及大专院校有关专业教师和研究生使用，也可供从事离子束与固体交互作用领域研究的科学技术人员参考。

8.3　固体薄膜中的分形生长及特异相变

20世纪80年代中，分形(fractal)的研究在国际学术界形成了高潮。据统计，1985年向 *Physical Review Letters* 投稿的稿件有三分之一是讨论分形的，但大多数是理论或计算机模拟的结果。柳百新率先提出用离子束辐照来研究非晶态 - 晶态相变过程细节的思想，首次在其相变临界点附近观察到从非晶态中析出的"亚稳晶相"凝聚而组成的分形图像(fractal pattern)。1987年8月发表在 *Physical Review Letters* 上。知名物理学家冯端院士评价为："开创了固体薄膜用离子束方法研究分形的新局面，在国际上领先。"此外，百新的研究组首次在电镜下观察到非晶态固体中可能出现的"线缺陷"——旋错环(disclination)，它相当于晶体中的位错环(dislocation)。1991年发表在英国的 *J. Physics: C* 上，被英国学者 Prof. N. Rivier 称为"magnificent results, picture and theory"。百新的研究组还首次观察到磁性粒子在薄膜表面凝聚的分形生长，以及分形维数与磁性粒子磁矩的相关性等。1993年，柳百新个人被推荐获得了中国物理学会叶企孙物理奖(凝聚态物理)。

8.4　快中子反应堆结构材料的辐照肿胀

1986年，国家提出了"863"计划，其中的"建造快中子反应堆"被列为重大项目。这个项目中的一个材料子课题是：中子辐照下不锈钢(作为结构材料)抗肿胀能力(swelling)的问题。柳百新提出用高能(1兆电子伏)电子束辐照模拟中子辐照，来测量不锈钢中的肿胀数据的方案。他与两名硕士研究生一起，对冶金部钢铁研究总院研制的8种改进型不锈钢进行了实验研究，初选出3种抗辐照肿胀能力较好的改进型 316 不锈钢，为快中子反应堆工程的总体设计提供了选材的依据。这项工程的总工程师，徐銤院士给予高度评价："柳教授他们的工作是非常成功的，他们为快中子堆设计中结构材料的选材问题及时地提供了可靠的依据。"徐銤院士是百新在工程物理系同届毕业的系友，他在这项大科学工程中，坚持工作了 50 年，终于在 2010 年 7 月 21 日，中国的第一座快中子反应堆在北京原子能科学院建成并实现了临界，我国因此成为世界上少数几个掌握快中子反应堆研发技术的国家之一。同年，第一座中国先进研究型（高通量）反应堆（China Advanced Research Reactor，CARR）也在北京原子能科学院建成并投入应用，担任建造工程部总经理的是百新同班的同学石永康研究员。这是核能领域中标志性的重大成果，百新为这两位工程物理系的杰出系友感到十分骄傲。

回顾这十年的创业，起步时可以说是一无所有，但百新和 10 多名研究生一起努力，在科技和人才培养两方面都取得了可喜的成果：1993 年，获得了国家自然科学奖二等奖，同年百新个人还获得了中国物理学会颁发的叶企孙物理奖（凝聚态物理）。

第九章

实验－理论结合紧　拓展研究新课题

随着改革开放的发展，1997 年 3 月科技部推出了高科技的计划，柳百新的研究组多次参与了重点项目。1998 年，教育部推出了创建世界一流大学的计划，百新的研究组在清华大学立了重点的基础研究课题。 这期间，有 10 多名研究生进入百新的研究组。在这五年中，科研和人才培养工作都取得了优异的成果。

9.1　离子束混合形成二元非晶态合金的热力学模型

20 世纪 50 年代，P. Duwez 教授率先用液态金属淬火技术获得了非晶态合金（或金属玻璃），从而开拓出一大类与晶体材料具有不同结构的新型材料。

多层膜离子束混合的方法是 1980 年提出来的一种新的制备方法，由于其"远离平衡态"的特点，其制备能力远超过传统的液态金属淬火技术。1982 年，百新在 Caltech 访问研究期间，做了系统膜离子束混合实验，提出了离子束混合形成非晶态合金的结构差异规则。之后，他带领研究生，用实验论证了"金属间化合物"附近也能获得金属玻璃。因此有利于其形成的成分是平衡相图中"两相区"的总宽度（MPAR）。

柳百新的研究组率先考虑了金属多层膜中两种金属薄膜之间的界面有附加的"界面能"，对界面能做了热力学的计算，并将它附加到多层膜的初始能态上。由此论证了在 $\Delta H_f > 0$ 的合金系统中，界面能是形成金属玻璃的主要热力学驱动力；而对于 $\Delta H_f < 0$ 的合金系统，界面能的贡献是较小的，负的 ΔH_f 本身是形成金属玻璃的驱动力。由此建立了二元合金系统中多层膜离子束混合形成金属玻璃的热力学模型，对从实验总结出来的"经验模型"给出了合理的理论解释（热力学层次）。1995 年，应邀在澳大利亚梅尔伯恩（Melborn）举行的第九届 IBMM 国际会议上做大会邀请报告。本领域奠基人之一、美国工程院院士 Mayer 教授对此予以很高的评价：把柳百新提出的，通过界面能的设计，能制备非晶态合金薄膜的方法称为"多层膜技术"。

9.2　离子注入合成金属硅化物

1985 年，美国学者 I. Brown 教授发明了金属蒸气真空弧（MEVVA）离子源，这种离子源可以提供几乎所有的金属离子，其束流密度可以高达 150 微安每平方厘米或更高。20 世纪 90 年代初，在"863"高技术项目的资助下，北京师范大学低能核物理研究所的科技人员，也已能够制造类似的 MEVVA 注入机。1992 年，柳百新的研究组提出用 MEVVA 离子源，将金属离子注入硅片中，直接在硅表面形成金属硅化物的想法，并做了系统的研究。成功地制备出性能优良的 Ti、Co、

2010 年，柳百新在实验室大型设备 LC–16 特种离子注入机前

Fe、Zr 和几种难熔金属的硅化物。对于 Ni-Si 系统来讲，经分析发现 $NiSi_2$ 和 Si 在 380℃时的"结构错配度为零"。根据离子注入能够在较低基体温度下合成硅化合物的特点，实验中调节 Ni 离子束的束流，利用束流本身的加热作用，在离子注入过程中将 Si 基体控制在 380℃，首次在"错配度为零"的条件下，在 Si 表面形成了晶格畸变最小的 $NiSi_2$，其电导性能与 $TiSi_2$ 和 $CoSi_2$ 相当，达到了可能在大规模集成电路中应用的要求。

文献中有报道，固态反应方法合成稀土金属硅化物有一个"临界温度"现象：低于临界温度时反应很慢；而当高于临界温度时，其反应是"爆炸式"的，使制备过程无法控制。柳百新的研究组用离子注入的方法，在 Si 表面合成了 10 多种连续的稀土金属硅化物薄膜，避免了"临界温度"的问题。由此发展出一项合成金属硅化物的新技术，有可能在固体电子器件的制备和集成中得到应用。1999 年，柳百新应邀在美国硅谷举行的"半导体及电子材料"国际会议上做大会邀请报告。

9.3 金属多层膜中固态非晶化反应

1983 年，Schwarz 和 Johnson 首次报道在金属多层膜中，观察到固态非晶化（solid state amorphization，SSA），并提出其条件是二元合金系统有很负的生成热（ΔH_f）+ 很大的原子尺寸差。对此课题，柳百新的研究组也在 10 多个二元合金系统中做了实验，指出 SSA 也可能在 $\Delta H_f > 0$ 的合金系统中发生，并论证了多层膜中的"界面能"是 SSA 的主要驱动力。在 Si 基固体器件的开发中，Ta 曾用作 Cu 与 Si 之间的扩散阻挡层，其前提是 Ta 与 Cu 不能发生交互作用。柳百新的研究所在实验中，观察到了 Cu-Ta 多层膜中发生 SSA 的反应，并在 1995 年美国 MRS-Fall Meeting 上发表。1999 年，美国斯坦福大学的 Prof. R. Sinclair 用电镜，在 Cu-Ta 双层膜之间直接观察到了 Cu-Ta 界面之间发生的 SSA 反应。柳百新的研究组进一步做了研究，提出了预言发生 SSA 反应的热力学和动力学的理论判据，并对 30 多个合金系统做了定量计算，其理论预言与实验结果符合得很好。

以第一项和第二项研究成果为主要内容，柳百新的研究组获得了 1999 年度的国家自然科学奖三等奖，柳百新为第一获奖人。

2010 年，柳百新在实验室新进贵重外贸设备超高真空电子束镀膜机前

第十章

多层次理论计算与模拟
揭示金属玻璃形成本质

10.1 金属和合金系统中多体势的构建

柳百新的研究组从 20 世纪 90 年代后期就把研究工作拓展到新兴的"计算材料科学"领域。为了能在原子尺度上对材料物理中的科学问题进行计算与模拟,其关键是构建相应的原子互作用多体势。文献中曾报道常用的多体势有:嵌入原子方法(EAM)多体势、紧束缚(T-B)多体势以及 Finnis-Sinclair(F-S)多体势。一般认为 EAM 和 F-S 多体势适合于立方结构(fcc 和 bcc)金属,而 T-B 多体势适用于密排结构(fcc 和 hcp)金属。为使这三种多体势能更加适用于过渡金属及其合金系统,提高其计算与模拟的效率和结果的可靠性,柳百新的研究组提出了光滑的 T-B 多体势,解决了在截断距离处能量和力的不连续问题;提出了 EAM 多体势中简化的交叉势函数,使多体势的拟合过程简化而有效；提出了扩展的 F-S 多体势，强化了势函数的相互作用，克服了 F-S 势偏 "软" 的问题。在此基础上，柳百新的研究组还首次提出适用于 bcc、fcc 和 hcp 三种结构金属的长程经验多体势（LREP），不仅能应用于二元合金系统，而且在处理三元合金系统时，长程经验多体势可以用于具有三种不同结构（bcc、fcc、hcp）的合金系统。

柳百新的研究组还完善了第一性原理计算辅助构建多体势的方法（ab initial assisted construction of n-body potential）。当系统的生成热（ΔH_{f}）很正时，两个组元金属互不固溶（immiscible），导致没有任何金属间化合物（intermetallic compound），因此没有它们的性能数据可用来拟合交叉势（cross potential）。为此，先用第一性原理计算的方法，计算出系统中可能的亚稳合金相的物理性能，然后用计算得到的物理性能来拟合相应的交叉势。此外，柳百新的研究组还开发了分子动力学（molecular dynamic）和蒙特卡罗（Monte Carlo）模拟（simulation）的程序，从而搭建起了开展 "计算材料科学" 研究的平台。利用这个平台，在 20 多个二元合金系统中构建出了它们的多体势。2008 年应邀为 *Physics Reports* 撰写了一篇综述文章（review article）。文章回顾了原子互作用多体势的发展，评述了各种原子互作用多体势的特点及其适用范围。文章还结合本研究组的最新研究结果，给出了原子互作用多体势在材料物理领域中应用的例子，涉及晶态 - 非晶态相变、金属多层膜中的界面稳定性、固态非晶化反应的原子运动机制，以及非平衡合金相中化学成分的微观分布等重要的科学问题。

101

10.2　金属玻璃形成的原子尺度理论

柳百新认为，要建立能够预言金属玻璃形成的理论，就需要选择一个合适的出发点，过去提出的模型 / 理论，它们的出发点是不够全面的。因此，他率先提出从二元合金系统的原子互作用多体势（n-body potential）出发来建立相应的理论思想，因为一个合金系统的多体势控制着该系统中的主要相互作用，从多体势能推导出众多其内禀特性，包括与金属玻璃相关的特性，也包括与金属玻璃有关的性能。因此从原理上讲，从多体势出发而建立的理论，比文献中报道的大多基于系统个别特性（如原子尺寸，金属结构等）而提出的模型/理论更为合理。

柳百新选择从多体势出发来建立金属玻璃的形成理论，下一步需要确定计算与模拟的技术路线。柳百新的研究组分析了离子束混合和液态金属淬火两种主要的制备金属玻璃技术所得到的实验数据，归纳出在冷却速度为102~113度每秒的技术条件是一个非平衡的条件，即使合金系统中有平衡的金属间化合物，由于其结构比较复杂，而且单位晶胞的尺寸也较大，它们的结晶被抑制住，因此非晶态的形成仅取决于固溶体-无序状态的竞争。由此确定计算与模拟的技术路线：在全部成分范围内，比较这两相的相对稳定性。

在涵盖三种主要结构和正/负生成热的20多个二元/三元合金系统中，构建出它们的多体势。模拟中，在固溶体模型中逐步增加溶质原子，直到溶质原子达到临界值，导致固溶体失稳而塌陷为无序状态的非晶态合金相，由此从系统的多体势直接计算出相应系统的临界固溶度（在二元合金系统中，大约模拟10个点；而在三元合金系统中，需要在成分三角形中模拟100多个点）。通过系统的、基于多体势的模拟研究，柳百新提出了金属玻璃形成的原子尺度理论，该理论：①揭示了金属玻璃形成的本质，固溶体在超过临界固溶度（critical solute solution）时失稳而塌陷为无序状态，即形成金属玻璃；②定量计算出合金系统中"玻璃形成范围/区域"（glass formation range/region for binary/ternary system，GFR），显然GFR越大，可选的合金成分范围越大；③每一个合金的"非晶化驱动力"（amorphization driving force，

ADF）越大，这个合金越容易制备。

迄今已有的实验结果支持理论的预言：①在上述代表性的三元合金系统中已制成的三元金属玻璃，它们的成分都落在理论所预言的 GFR 内；②自非晶态合金问世以来，文献中一直用"玻璃形成能力"（glass-forming ability，GFA）来表征金属玻璃形成的难易程度，但GFA 是用技术参数（临界尺寸／临界冷却速率）来定义的。其意义是：GFA 越大，该合金越容易制备，反之亦然。显然，GFA 与原子尺度理论定义的 ADF 具有同样的含义。因此，从多体势出发定义的 ADF 应该与 GFA 呈现正的相关性，在迄今的实验报道中，确有许多三元合金系统中，观察到了 GFA 与 ADF 成正的相关性，因此可以认为 ADF 揭示了 GFA 的物理内涵。

柳百新研究组提出的金属玻璃形成的原子尺度理论，揭示了金属玻璃形成的物理本质和规律，从材料制备科学的角度讲，对研制新型金属玻璃中的合金成分设计，以及制备中所需要的动力学条件均有重要的指导意义。特别是，许多三元合金系统是可能制备出大尺寸"块体金属玻璃"（bulk metallic glasses，BGM）的，因此提出的理论将推动 BMG 的研究、制备和在高科技（如信息、化工等）及国防领域中的应用。

10.3　金属多层膜中 SSA 反应的原子运动机制

柳百新的研究组还进一步对 SSA 反应做了详细的计算与模拟研究。

在 $\Delta H_f < 0$ 的 Ni-Mo、Ni-Nb、Ni-Ta、Ni-Ti 等系统中，模拟结果揭示了穿越界面的原子迁移、扩散或界面控制非晶化的规律，以及界面织构在 SSA 过程中的"形核"或"生长位垒"的作用；并观察到两

种金属晶体无序化的先后次序。根据模拟和实验结果，再次论证了晶态 - 非晶态相变的物理本质是，晶格中溶质原子超过临界固溶度时的塌陷；并由此推理出在其他条件相同的情况下，非晶层向临界固溶度小的金属方向生长得较快。

在 $\Delta H_f > 0$ 的 Cu-Re 和 Cu-Ru 系统中，在分子动力学模拟中，在界面层中预设一个具有能量的非晶薄层（即界面能），由此揭示了 Cu-Re 和 Cu-Ru 界面之间 SSA 反应的原子运动全过程，当界面能耗尽时 SSA 反应也即终止。由此可以计算出非晶薄层的最大厚度，实验观察与和热力学计算符合得很好。相关成果发表论文 20 多篇，还应邀撰写了一篇综述论文，于 2001 年发表在 *Advances in Physics* 上。

柳百新 1982 年年底从加州理工学院访问研究回国。从 1983 年起，协助李恒德老师指导研究生的论文工作。1990 年经评审通过，成为博士生导师，至今已培养了 50 余名博士。

关于选择研究生的标准，柳百新有自己的看法，他认为有两点必须重视：一是爱国，这是最基本的；二是爱科学，这是从事科研最大的动力。只有当一个人拥有了强烈的爱国之心，热爱并立志为科学而献身的精神，这个人才会在科研工作中保持积极的态度。在科研实践中，他对研究生在认真选题、勤奋工作、科学作风和撰写论文这四个方面也都提出了明确的要求。在与学生的相处中，他强调与学生之间有三重关系，即正常的师生关系，科研工作中合作者的关系，以及日常生活中的朋友关系。因此在他的研究组里，有着和谐而活跃的氛围。他培养研究生的目标可以概括为"三个一流"：做国际一流水平的研究，写国际一流水平的论文，育国际一流水平的人才。

每当有新的研究生进入研究组，他首先要他们树立一个高的标准，也就是鼓励他们要立足国内，放眼世界，争取在攻读博士学位期间，能够做出国际一流水平的成果。因此，从研究生入学起，他要求他们在修好必修的课程以外，尽量早地投入到研究工作中去，选择好研究方向，勤奋努力地工作，坚持严谨的科学作风，做到在攻读学位期间发表几篇有创新性的学术论文。

关于要求研究生勤奋地工作和坚持科学的作风，因为他的研究组早期的研究工作是以实验为主的，设备条件比发达国家差很多，甚至与国内一些科研单位相比也有不少差距，因此他要求学生们必须用努力奋斗的工作态度来弥补客观条件上的不足。此外，实验研究的每一个环节都不能有丝毫的欠缺，实验数据的重复性和误差分析等都必须坚持严谨求实的科学作风。他的研究生对此都感受颇深，并在实践中都特别认真地对待。

1. 研究方向的选择　交叉学科的前沿

柳百新认为只有选择科学前沿的课题，才有可能在实验和理论上有所突破，做出有创新性的成果。当时他的研究组的主要研究方向是：由材料科学、核科学与核技术以及凝聚态物理等多学科交叉的新兴领域——载能离子束 - 材料的作用。这个新兴领域有许多有待研究的科学问题。1981—1982 年，他在加州理工学院访问期间，用多层膜离子束混合的方法研究非晶态合金的形成规律，其基本科学问题是：离子束辐照诱导的晶态 - 非晶态相变问题；反过来，也可以用这种方法研究非晶态 - 晶态的相变。由于离子束 - 固体的相互作用是一个远离平衡态的过程，而且离子束的参数可以精细调控，因此有可能研究固态相变的"细致过程"。到了 20 世纪 90 年代，国际上出现了新的强流离子注入机（即 MEVVA 离子源），他就带领几名博士生开展了强流金属离子注入，在硅的表面直接合成金属硅化物的研究。在大量离子束实验研究的基础上，他带领学生把实验与理论研究紧密地结合起来，用热力学计算来解释实验结果。2000 年起，他又带领研究组深入原子 / 电子层次的计算与模拟的研究，力图从物质的微观层次来阐明二元 / 三元非平衡合金相的形成规律。

例如，1987 年，他率先提出用离子束辐照来诱导非晶态 - 晶态相变的想法，带领两名博士生在实验中，通过精细地调节剂量而逼近到非晶态 - 晶态相变的临界点，首次在电镜下观察到：析出的晶粒在非晶态基体上凝聚而成的分形图像（fractal pattern），并标定其维数为 1.72（注：在这个图像上取一点为圆心，画一个圆，这个图像的面积是其半径的 1.72 次方），对应于多核心 - 扩散限制的凝聚模型（diffusion limited aggregation，DLA）的理论值。因此，他们把论文投稿到国际上最具权威的物理期刊 *Physical Review Letters*，评审人给予了高度的评价，4 个月后就被接收发表（在 General Physics 栏目内的第一篇）。据当时文献的报道，1985 年期间，分形物理的研究形成了热潮，当年向 *Physical Review Letters* 投稿的 1/3 论文都是关于分形的，但绝大多数是理论 / 计算模拟的结果。这项研究成果被我国冯端院士评价为："开创了离子束研究固体薄膜中分形的新局面，在国际上领先。"另一名博士生，在实验中观察到非晶态中可能的一种线缺陷（对应于晶体中的线缺陷——位错）。他在电镜观察中，排除了其他可能的因素，并经过认真的理论学习和思考，确认了这是一种具有分形特征的"旋错环"（disclination loop），并应用规范场理论对连续弹性介质中的近似处理，给出了合理的解释，于 1991 年发表在英国的 *J. Physics* 上。英国学者 Pro. Rivier 是最早从理论上预言这种"线缺陷"的专家，他在之后发表的论文认为：这是对理论预言最接近的实验论证。另外一名博士生，在薄膜实验中观察到多核心 -DLA 的分形维数有可能随不同的物质而变化。他就进一步设计了新的一组包括 Co、Fe、Ni 磁性物质的实验，发现分形维数随原子的玻尔磁子的增大而减小，用半对数的图做了表征，发现了一个成反比的线性关系，当外推到玻尔磁子为零时，其维数正好是计算 / 模拟所预言的值（1.72）。这篇论文投稿 2 个月后就发表在 *Physical Review B* 上。研究组在这个方向上的研究，先后在高水平期刊上发表了 20 多篇论文。

2. 学术论文的量化评价　正确应用"文献计量学"

柳百新很重视撰写高水平的学术论文，因为一名合格的博士，应该具有能够独立进行科学研究的能力，包括具有撰写和发表学术论文的能力。一篇学术论文，无论其篇幅长短，都是一个相对完整的科学报告，说明一个或几个问题。因此，及时综合分析已经得到的研究结果，撰写出一篇有新意的学术论文，可以从整体上检查前期工作的完整性、系统性以及研究工作的深入程度，从而对下一步的研究工作提出新的构想。如此不断地深入和进步，从而形成一种螺旋形上升的研究工作模式，最终完成有若干创新点的博士论文。因此，他认为以发表论文作为科研工作的牵引，是符合唯物辩证思维的一种工作模式。

关于学术论文，这就提出了一个对学术论文评价的问题。柳百新在 Caltech 与 Nicolet、Johnson 和 Lau 教授一起工作期间，每当有研究成果写成了论文稿时，他们会根据成果的创新程度而选择投到哪个期刊去发表。当时在美国，由美国物理学会（American Physical Society，APS）创办的两个期刊系列：一个是 *Physical Review* 系列，它共有 A、B、C、D 和 E 五个物理学不同领域的分刊；再加一个快讯刊 *Physical Review Letters*（PRL），发表物理学各领域中最具有创新性的成果。另一个系列是 *J. Applied*

1982 年 12 月 10 日，柳百新结束在加州理工学院的两年访问研究前，在办公室里与 S. S. Lau 教授的合影

Physics，它发表偏重于应用性的论文；而且也有一份快讯刊 *Applied Physics Letters*（APL）。1982 年，百新用多层膜离子束混合实验研究，提出了结构差异规则的时候，他们不约而同地建议投稿到 APL。百新在 Caltech 访问研究两年，在 APL 上发表了两篇一作的论文，还有两篇合作的论文。1982 年年底回国后，他在带领研究组的工作中，也十分努力地把论文送到高水平的期刊上去发表。

1993 年年初，柳百新突然收到科技部科技情报所的张研究员（女）的电话，邀请他次日去参加一个新闻发布会，会上将公布我国学者于 1991 年度在国际期刊上发表论文的检索结果。到了会上，百新得知他 1991 年发表在"科学论文引文索引"（Science Citation Index，SCI）收录的期刊上的论文数位列全国第一。通过这件事，百新了解到这门软科学："文献计量学"，它提供了一个检索科学文献的平台，从中可以得到一位学者已发表论文有关的信息，如论文发表在哪个期刊，该论文被引用的情况，以及引用论文的详细信息。从直观的角度来讲，衡量一篇论文的学术水平，就是要看它发表后在学术界引起的反响，即提出的观点/结论是否被其他学者认同和引用。

针对发表在不同期刊和国际会议上的各种类型的论文，这个检索平台有四种常用的索引（Index），它们是：创始于 1961 年的科学论文引文索引（SCI），创始于 1974 年的综述论文索引（Index of Scientific Review，ISR），工程论文索引（Engineering Index，EI），以及科技会议论文集索引（Index of Scientific and Technical Proceedings，ISTP）。

最受学术界关注的 SCI，是美国科学信息研究所于 1957 年创办的科学引文索引数据库，收集世界各国出版的期刊约 4300 种。SCI 能给出在这些期刊上发表的论文的有关信息，即发表的论文被引用以及引用论文的详细信息。针对引用的多少，SCI 对每种期刊都定义了一个影响因子（impact factor，IF），其基本概念是：如一份期刊当年发表的论文数是 1000 篇，在次年这些论文被引用了 10000 次，其平均引用次数为 10000/1000=10，这个平均数就是这份期刊的 IF 值。显然，期刊的 IF 值越大，该期刊的影响力也越大。例如，20 世纪 80—90 年代，*Physical Review Letters* 的 IF 为 7 左右；*Physical Review B* 的 IF 在 3 以上；*Applied Physics Letters* 的 IF 接近 4；等等。此外，SCI 收录期刊的总数是滚动的，当一个期刊的 IF 值太小的时候，这个期刊就不再被 SCI 收录了。在实际应用中，可以从 SCI 检索到某一位学者的论文发表在哪个期刊上，发表后被引用了多少次，以及引用论文的作者的意见，正面的或负面的都可以看到。显然，用这些信息对一篇论文做出评价是一种背 - 背的盲评，因此是一种比较客观的评价。而且，一般来说，引用的学者大多数是同行，因此这是一种比较广泛的同行评价。关于这个问题，有些学者认为同行学者开会评审比较好，但实际上，能请的同行学者的人数总是有限的。而且，在有些情况下，由于个人 / 单位的利益冲突关系，个别评委可能会做出不公正的评价意见。

从那时起，百新也应用 SCI 这个检索平台，了解研究组所发表的论文在学术界的影响。例如，他在 1993 年申请国家自然科学奖的时候，在国家图书馆的检索部，从 SCI 上查到了所用到的 20 篇代表性论文被引用了 240 多次，而且都是正面的引用。例如，一位学者把柳百新提出的结构差异规则，简称为"柳氏规则"；一位学者把柳百新研究组提出的预言非晶态合金形成的经验模型，评价为"最成功"的模型。这项奖项，经过会议评审和柳百新到专家会议上的答辩，最终被授予1993 年度国家自然科学奖二等奖。

从统计的角度来看，期刊的影响因子，以及论文的被引用数（citations），与其成果的水平是有正的相关性的。举一个例子：1998 年，据科技部科技情报所公布的检索结果，南方某大学在 1997 年度发表的论文数名列全国大学之首，而且比后两名大学发表的论文数都要多许多篇。而这所大学在改革开放之后，获得的国家自然科学奖的数量，在国内确实是领先的，而且于 2016 年还突破性地获得了一等奖。

顺便补充一个信息，2005 年，一位美国教授（Pro. John Hirsch）又提出一个新的量化指数——H 因子（Hirsch 教授姓氏的第一个字母 H）。简单地讲，一位学者的 H 因子，代表这位学者发表的论文中有 H 篇论文，每篇论文被引用了等于 / 大于 H 次。例如，$H=100$ 的话，代表这位学者发表的论文中，有 100 篇论文被引用了 100 次以上，因此他的总引用次数至少是 10000 次了。据说有的单位，用 $H=15$ 作为"长聘教授"资格的必要条件，实际上这也不是很容易达到的。

3. 综述论文与论文的综述

关于撰写和发表综述论文（review article）的问题，柳百新认为，当对一个科学问题的研究做得比较系统和深入，提出了相应的理论 / 模型，从而能比较完整和系统地阐明其规律的时候，应该及时总结，并撰写有分量的综述论文。因此，综述论文是一篇比较全面地，阐述对某一个科学问题所做研究的总结性的报告。例如，他在用多层膜离子束混合的方法研究金属合金相（平衡和非平衡的合金相）形成的科学问题时，通过系统性的实验研究，提出了能够预言合金相的结构的模型，因此撰写了一篇综述论文，于 1986 年发表在当时东德的固态物理（ISR 收录的 *Physica Status Solidi A*）期刊上，迄今被引用了 140 多次。又例如，他被邀请担任 1999 年度国家自然科学奖（数理与天文组）的评委，有一项目是：知名的理论物理学家周光召等 4 位院士的工作，其成果于 1985 年发表在 ISR 收录的期刊 *Physics Reports* 上的一篇综述文章，到 1999 年累计被引用了 280 多次，该项成果最终被授予 1999 年度国家自然科学奖二等奖。而 *Physics Reports* 的影响因子 IF 曾达到 30 以上。国际上，许多学者也很重视发表综述论文。20 世纪 90 年代，美国加州理工学院的副校长来清华大学访问，他在谈到 Caltech 的教授们的工作时说："Caltech 的教授们把精力集中在发表高水平的科学论文（papers）和综述论文（review articles）上。"总之，综述论文是一项科学研究工作的深入，报道的是该项研究的最新研究现状（state-of-art），是对科学文献重要的贡献。基于这样的认知，柳百新在近 20 年里，带领几名助手和博士生一起撰写了几篇综述论文。例如，2000 年发表在 *Materials Science and Engineering：Reports*（IF 约为 33）上的综述论文，迄今被引用 230 多次；2001 年发表在 *Advances in Physics*（IF 约为 23）上的综述论文，迄今被引用 120 多次；以及 2008 年发表在 *Physics Reports*（IF 约为 30）上，共 134 印刷页的综述论文，迄今被引用 100 多次；等等。需要说明的是：综述论文是作者总结 / 评论自己的研究成果的论文，而不是一位作者读了很多篇他人的论文后写的一个总结报告，因为这只是总结他人的工作。

总之，SCI 等几个检索工具提供了一个"量化的"评价学术论文水平的平台 / 工具。事实上，学术水平的评价是一个很复杂的"议题"（issue），它涉及许多客观的和主观的影响因素。用几个"量化的"参数来评价可能会不够完善；但有一个比较客观的、统计性的方法还是可取的。在实践中，我们应该正确地应用这个检索平台 / 工具。当遇到个别的特殊的案例时，应该对其进行实事求是的分析；但是个别的特殊案例不能否定"文献计量学"提供的具有统计性的评价意见。

113

4. 正确对待评审中的问题　博士生应该具备的能力

一般来讲，论文投稿后，受理的期刊编辑会安排 1~2 位专家对稿件进行评审。第一轮评审的结果有 4 种可能：接收、小修改、大修改、退稿。对于第二种和第三种情况，作者可以做相应的修改，并再次投稿。一般情况下，期刊的主编会在二审后做出决定：接收或退稿。在过去的几十年里，柳百新的研究组曾在论文评审过程中，遇到过几次不正常的问题。例如，实际上是评审者没有读懂论文，断然决定退稿；或者是评审者不按规范办事，一而再，再而三地提问题，等等。遇到这种情况，我们能否据理力争呢？柳百新的认识是：在科学面前人人平等，应该实事求是地提出自己的意见 / 看法。下面是几个典型的例子。1988 年，一名博士生的一篇论文，投稿到 *Physical Review B*。审稿人第一次比较肯定，建议做小修改（minor revision）；修改后，他又提出另外的问题；再次修改后，他又第三次提出意见。这名博士生耐心地做了修改，并且附上其他学者的研究成果作为支持他工作的佐证。与此同时，也向主编指出审稿人不符合评审规则的做法。经过主编的裁定，最终被接收发表。另一个例子是：2012 年一名博士生的一篇论文投稿到 *Applied Physics Letters*。审稿人没有看清论文中两个计算结果的图中所用的坐标尺度是不一样的，断然地决定退稿。这名博士生感到很沮丧也很无奈，觉得 APL 的审稿人都是专家，不能与他们争辩，想改投其他期刊。但柳百新建议她写一个解释的邮件给主编，指出审稿人误读了我们计算结果的两个图。不到 10 天，主编发来了邮件，文章被接收了。以上的例子只是想说明一个问题：在科学面前，学生、老师、教授等都应该是平等的。对于一个具体问题，如果自己的意见是正确的话，应该坚持，并用有力的论据给以说明。

5. 和谐活泼的研究集体　喜获科研育人双丰收

柳百新十分重视在他的研究组里营造一个良好的人文环境，他强调他与研究生之间的三重关系：一是师生关系，二是科研中的合作者，三是日常生活中的"忘年交"。在定期召开的组会上，除了检查每个研究生的工作进展情况，他也经常和学生们一起交流科技领域当下的最新进展、实验技术和计算方法的新进展等。有时也交流大家感兴趣的体育赛事，以及分享所爱好的文学作品和不同风格的音乐等。他认为这样的氛围不仅有利于形成和谐的师生关系，也能促进整个研究组的科研工作。

总之，作为一名博士生导师，柳百新要求研究生要有爱国和爱科学的思想；在科研工作中，在选题、勤奋工作、求实的作风以及撰写论文四个方面提出明确的要求；在研究组里强调师生间的三重关系。其目的是做到"三个一流"：做国际一流水平的研究，写国际一流水平的论文，育国际一流水平的人才。

改革开放以来，柳百新共培养了 55 名博士，其中大约有 50% 是清华大学本科毕业后直接攻博的，其他学生则来自全国各高等学校。他们毕业后，有 13/9 名博士在国内外著名大学担任教授/副教授。大多数博士生在论文工作期间或毕业后都做出了优异的成绩。例如，一名 1988 年毕业的博士生，因为他在实验中观察到分形生长的研究成果，获得了美国材料研究学会授予的研究生论文奖（第一个获此奖的中国学生）。一名 1991 年毕业的博士生，因为观察到非晶态中具有分形特征的"旋错环"（disclination loop），获得了 1992 年度的吴健雄物理奖。1993 年毕业的一名博士毕业后留校任教，作为第一完成人，迄今已获得 4 项国家级的（包括自然科学、科技进步、发明）二等奖。1995 年毕业的一名博士生获得（1999 年颁发的）首届全国百篇优秀博士论文奖，后来被特聘为长江学者。1998 年毕业的一名博士生，名列 1997年度 SCI 收录个人发表论文数的全国第二名，后来被上海大学特聘为东方学者。柳百新本人也曾因"培养国际一流水平博士生的研究与实践"，获得 1997 年度北京市研究生教学优秀成果奖一等奖。

1987 年 12 月，参加美国 MRS–Fall Meeting 期间，在波士顿 Marriott Hotel 的留影，从左至右是柳百新、黄立基博士、马恩博士和张效忠教授

1995 年 12 月，柳百新与潘峰教授在美国 MIT 的主楼前合影

2002 年，柳百新和赖文生副教授一起到美国参加会议和学术交流后，应邀到小学同学贝桐森华盛顿的家里做客，贝桐森还特意邀请小学同学汪家起从迈阿密来华盛顿相聚。四人还一起参观了美国国家艺术博物馆。合影中左起二是汪家起，右一是贝桐森

1998 年，离子束材料改性奠基人 Prof. J. W. Mayer（中）和美国 IBM 研究所副主任 Prof. K. N. Tu（左一）来清华大学访问期间，在清华大学主楼接待厅，柳百新（右一）和两位博士生高坤元（左二）和张青（右二）与两位专家交流的合影

2008 年，柳百新应邀参加在日本大阪举行的国际材料研究联合会（I-MRS），并做大会主旨报告（Key Note）。会议结束后，与他的两名学生杨涛和陈益刚博士一起在大阪的古城堡前合影

2018 年 5 月，博士生答辩季，柳百新与研究组大多数成员一起合影。当年三位学生毕业并获博士学位：柳百新左边的是杨孟昊，右边的是赵帅、李舜宁和李家好老师

2010 年,《创新中国》杂志采访时留影

　　2010 年，柳百新与二哥柳百成同去参加中央人才工作协调小组组织的院士专家新春联谊会

　　2010 年年底，清华大学材料学院学科评估后，清华大学校长顾秉林宴请与会专家代表

照片中右一为顾校长，居中为柳百新

　　2012 年，柳百成和柳百新兄弟院士参加清华大学"学术人生"专场论坛时的留影

服务篇

1993 年，北京市第八届政治协商会议（1993—1998）高等教育组全体委员合影，第一排右起第七位为柳百新

2002 年 8 月，柳百新与夫人倪蕙苓（中国科学院高能物理研究所研究员）参加中共北京市委统战部组织的部分政协委员赴俄罗斯远东考察

　　1995 年，柳百新参加在青岛举行的清华大学教书育人服务社会讨论会时全体人员的合影，第一排中间女士为贺美英书记，左起第三位为柳百新

　　1996 年夏，国家教委"跨世纪优秀人才培养计划"基金 1996 年评审会及科技交流会代表合影，第一排右起第二位为柳百新

2008 年国家人事部专家休假团合影

2013 年，柳百新应聘担任中国广核集团有限公司（简称中广核集团，CGN）国际顾问委员会委员，在深圳召开首届会议时的合影

第一排右起第三位为柳百新；第四位为共主席，公司总经理束国刚；第五位为共主席，美国工程院院士 Dr. Roger Staehle

2018 年，清华大学材料学院教育部先进材料实验室学术会议全体与会者的合影

从前排右起第二位算起依次是物理学的范守善院士及柳百新院士、学术委员会主任朱静院士、物理所的沈保根院士等

125

柳百新参加的部分社会活动清单。

（1）1985 年　　　　为国家自然基金会主笔编写关于"离子注入"研究的指南。之后，曾多次应聘担任基金委的评委和国家自然科学奖评委。

（2）1988—1991 年　担任材料科学与工程系首届副主任，系学术委员会副主任。主管科研、研究生培养、外事、实验室和安全。

（3）1992—2011 年　担任材料科学与工程系学术委员会主任。

（4）1993—2006 年　应聘任国际期刊 *J. Nuclear Materials* 国际顾问编委会委员。

（5）1993—1998 年　北京市第八届和第九届政协委员（教育界）。

（6）2003—2008 年　北京市第十届政协委员（科技界）。

（7）1994 年　　　　应聘任清华大学校务委员会委员、校学术委员会委员。之后，曾多次应聘任校职称评审委员会委员。

（8）1997 年　　应科技部聘任为"973"计划起草"材料领域研究指南"的专家组副组长。

（9）2000 年　　应聘任"973"计划材料领域"咨询顾问组"专家组成员。

（10）2007 年　　应聘任 *Nuclear Instruments and Methods in Physics Research : B-Section* 国际顾问编委会委员。

（11）2007 年　　应日本国际奖（Japan Prize- 日本赏）基金委邀请作为该奖项的提名人。柳百新提名的候选人是陈创天院士，其提名理由如下：Discovering a series of nonlinear optical borate crystals and promoting the harmonic generation of Lasers from visible to deep and vacuum ultra-violet wavelengths.

（12）2011 年　　应日本京都国际奖（Kyoto Prize- 京都赏）基金委邀请作为该奖项的提名人。柳百新提名的候选人是闵乃本院士，其提名理由如下：For developing dielectric super-lattice materials featuring multiple quasi-phase-matching, related theories and fabrication techniques, discovering novel effects in nonlinear and quantum optics, and practically realizing multi-color laser generation with developed materials.

（13）2012 年　　担任新成立的材料学院的院学术委员会主任。

（14）2013 年　　应聘任中国广核集团有限公司国际顾问委员会委员。

（15）2019 年　　应聘任清华大学全球私募股权研究院顾问委员。

柳百新担任清华大学校务委员会（Committee for University Affairs）委员期间，曾向学校领导提出如下几项建议：

（1）关于发表学术论文的问题。20世纪90年代初，科技部情报所开始发布国内大学和科研院所发表学术论文的情况。在全国高校中，清华大学的排名并不是领先的。90年代中，校领导也力图改变这个局面，号召教授们重视这个问题，并提出了"千篇工程"，目标是到2000年，清华大学能发表1000篇SCI收录的论文。柳百新向校领导提出了"改变学校基础研究经费的发放办法"，简言之：基础研究的经费"不是预先发放"，而是"事后按业绩大小发放"。建议每发表一篇SCI论文，奖励一份科研经费，而每一篇论文奖励多少由学校根据财政情况决定。例如：计划奖励1000元每篇；那么，发表1000篇论文，就应该有100万元的预算加以保证。实践证明，这是有效的：经过全校师生的努力，到2000年确实超过了1000篇。应该指出：这不是"物质刺激"，因为奖励的是科研经费，能进一步促进科研。

（2）关于人事制度的问题。每年下半年，学校有一次教师评职称的重要工作。这是所有中级职称教师关心的热点。这个问题牵涉许多人，又有许多复杂的影响因素。学校人事部门对中级职称晋级的问题，提出了一个方针，即给6年的聘用期，到时达不到副高级水平的，就"非升即走"。实际上，许多国外大学也是这样做的。但学校里，在做的过程中几乎每年都有问题。因为每年学校人事部门给每个院或系又都加一个名额限制。因此，当报名申请晋级的人，都到了晋级的水平；但人数大于人事部门给定的名额时，就要有人被解雇。柳百新认为：这样的制度是不完善的。学校在聘请一位教师时，要求他在6年内达到副高级的水平；那么在6年内，如果他达到了要求的水平，那么就应该予以晋级，而不应该因为名额问题而让人"走"路。为此，柳百新建议用八个字的制度："达标即升＋非升即走"。这样也许更加合理。

（3）关于职称评审会人员组成的问题。有了合理的好的制度，在实施中也需要由合理的评审会的人员组成。就材料系或材料学院而言，职称人员应该达到结构上的平衡。即各个学科方向应该有均衡的代表参加，这样的投票结果才能达到公正、公平。柳百新曾多次向前任书记提出过这个问题，得到他的共识。

（4）关于清华大学校医院建设的问题。柳百新认为现在校医院为全校好几万的师生、员工和家属服务，但其能够承担的客观条件急需得到改善，希望在学校规划中把校医院的建设也作为考虑的一项，使之与规划中拟达到的世界一流大学相匹配。

参加各类会议的部分清单

改革开放之后，柳百新曾参加过许多国际会议，其中最主要的有以下几个。

美国材料研究学会（Materials Research Society，MRS）从19世纪70年代中开始，每年举行两次学术讨论会，即11~12月份的秋季会议（Fall Meeting）和4月份的春季会议（Spring Meeting）。会议的学术定位是面向前沿的交叉学科，而不是已经较为成熟的传统学科。每年的春季会议在西海岸的旧金山（San Francisco）举行，而秋季会议在东海岸的波士顿（Boston）举行。一般来讲，春季会议的规模比秋季会议的要小一些。秋季会议都有很多的分会，分会的数量从最初的20多个增加到后来的30个以上，参会人数最多时可达4000~5000人。1981年11月，柳百新第一次参加MRS秋季会议。此后，MRS曾多次见证过柳百新及多名弟子参会的精彩呈现。

离子束材料改性（IBMM）国际会议是离子束材料改性和离子束材料合成领域的重要国际会议之一。该会议的宗旨是让全世界本领域的研究人员有机会在一起讨论最新的研究成果，并展望其发展远景。每两年召开一次，在每届的会议期间，拟申办下一届会议的国家的代表向国际顾问委员会报告他们将如何组织下一届会议（一般有2~3个国家会提出申请），最终由顾问委员会的委员们投票决定。回顾过去历届会议，平均来讲是在美洲、欧洲以及亚洲三大洲之间轮流，1995年也曾在澳大利亚举行过一届。1980—2012年，柳百新曾多次在该会议上做邀请报告。

中日双边物理冶金讨论会，最早由日本东京大学桥口隆吉教授和北京科技大学的柯俊教授共同牵头组织。1984年，柳百新参加在北京举行的第一届会议。他的精彩报告得到与会学者的高度评价和赞赏。

此外，还有中日双边薄膜研讨会，一般是每 2~3 年召开一次，由中方和日方轮流负责组织。起初，中方的组织者是中国科学院物理研究所的李林院士，日方是东京大学著名学者金原璨教授，具体负责的是物理研究所的周均铭教授。会议促进了中日双方薄膜领域的交流。从1984 年起，柳百新曾 10 多次参加中日双边的学术交流活动，并 10 多次访问樱花之国日本。

此外，他还经常参加一些其他有关的国际会议。

（1）1981 年 11 月. MRS-Fall Meeting, Ion Beam Session, Oral Presentation. Boston, MA.USA.

（2）1982 年 8 月. Gordon-Conference, Oral Presentation, New Hampshire, USA.

（3）1982 年 9 月. IBMM-3rd, Oral Presentation, Grenoble, France.

（4）1984 年 12 月. China-Japan Symposium of Physical Metallurgy, Invited Talk, Beijing, China.

（5）1986 年 6 月. IBMM-5th, Invited Talk, Catania, Italy.

（6）1986 年 8 月. China-Japan Symposium of Physical Metallurgy, Invited Talk, Kunming, Yunnan Province, China.

（7）1986 年 9 月. China-Japan Symposium of Thin Film, Invited Talk, Beijing, China.

（8）1987 年 8 月. International Summer School, Invited Lecturer, Poona, Indian.

（9）1987 年 11 月. MRS-Fall Meeting, Ion Beam Session, Oral Presentation. Boston, MA. USA.

（10）1988 年 3 月. International Conference on Non-Equilibrium Solid Phase, Invited Talk, Kyoto, Japan.

（11）1988 年 6 月. IBMM-6th, Poster Presentation, Tokyo, Japan.

（12）1989 年 9 月. Energ Pulse and Particle Beam Modification of Materials, Invited Talk, Dresden, East Germany.

（13）1989 年 9 月. The 6th International Vacuum, Electron and Ion Technology, Invited Talk, Varna, Bulgaria.

（14）1990 年 6 月. IBMM-7th, Invited Talk, Knoxville, TN. USA.

（15）1991 年 9 月. The 5th International Conference on the Structure of Non-Crystalline Materials, Oral Presentation, Sendai, Japan.

（16）1991 年 11 月. MRS-Fall Meeting, Ion Beam Session, Oral Presentation, Boston, USA.

（17）1992 年 6 月. IBMM-8th, Poster Presentation, Heidelburg, Germany.

（18）1992 年 6 月. Liquid Metal Structure, Poster Presentation, Vienna, Austria.

（19）1993 年 11 月. MRS-Fall Meeting, Oral Presentation, Boston, MA. USA.

（20）1994 年 6 月. International Conference on Ion Beam Analysis, Poster Presentation, Catania, Italy.

（21）1994 年 9 月. Application of Accelerator of Research and Industry, Poster Presentation, Denton, TX. USA

（22）1995 年 2 月. IBMM-9th, Invited Talk, Canberra, Australia.

（23）1995 年 8 月. Sino-Korea IBMM and Thin Film Materials, Invited Talk, Seoul, Republic of Korea.

（24）1995 年 9 月. China-Japan Symposium of Thin Film, Invited Talk, Jiande, Zhejiang Province, China.

（25）1995 年 11 月. MRS-Fall Meeting, Oral Presentation, Boston, MA. USA.

（26）1996 年 9 月. IBMM-10th, Poster Presentation, Albuquerque, NM. USA.

（27）1996 年 9 月. International Conference on Microstructure and Function Materials, Invited Talk, Tokyo, Japan.

（28）1997 年 9 月. China-Japan Symposium of Thin Film, Invited Talk, Tokyo,

Japan.

（29）1997 年 11 月. MRS-Fall Meeting, Poster Presentation, Boston, MA. USA.

（30）1998 年 9 月. IBMM-11th, Poster Presentation, Amsterdam, Netherland.

（31）1998 年 9 月. Application of Accelerator of Research and Industry, Poster Presentation, Denton, TX. USA.

（32）1999 年 3 月. International Conference on Semi-conductors and Electronic Materials, Invited Talk, San Jose, CA. USA.

（33）1999 年 11 月. MRS-Fall Meeting, Poster Presentation, Boston, MA. USA.

（34）2000 年 6 月. European Materials Research Society, Poster Presentation, Strasbourg, France.

（35）2000 年 11 月. MRS-Fall Meeting, Oral Presentation, Boston, MA. USA.

（36）2002 年 8 月. Rapid Quenching and other Metastable Materials, Poster Presentation, Oxford, England.

（37）2002 年 9 月. IBMM-13th, Poster Presentation, Koba, Japan.

（38）2002 年 10 月. C-MRS, Invited Talk, Beijing, China.

（39）2002 年 11 月. MRS-Fall Meeting, Oral Presentation, Boston, MA. USA.

（40）2003 年 6 月. Computational Modeling and Simulation of Materials, Oral Presentation, Catania, Italy.

（41）2004 年 2 月. Symposium on Phase Transformation and Microstructural Evolution in Crystalline Solids，Oral Presentation, San Francisco, CA. USA.

（42）2004 年 5 月. International Conference on Mechano-Chemistry and Mechanical Alloying, Oral Presentation, Hannover, Germany.

（43）2004 年 6 月. International Workshop on Interactions between Nano-

Structure and Particle Beams, Invited Talk, Shanghai, China.

（44）2004 年 9 月. China-Japan Symposium of Thin Film 7th, Invited Talk, Chengdu, China.

（45）2005 年 5 月. Conference by Chinese Academic of Engineering, Invited Talk, Boao, Hainan, China.

（46）2006 年 2 月. Innovation Scale Approach to Dynamic Studies of Materials, Invited Talk, Okinawa, Japan.

（47）2008 年 12 月. IUMRS-International Conference on Advanced Materials, Keynote Lecture, Nagoya, Japan.

（48）2012 年 9 月. International conference on Physics of Non-Crystalline Solids, Oral Presentation, Yichang, Hubei Province, China.

（49）2012 年 9 月. IBMM-18th, Invited Talk, Qingdao, Shandong Province, China.

（50）2013 年 6 月. 2nd Annual World Congress of Advanced Materials, Keynote Lecture, Suzhou, Jiangsu Province, China.

邀请报告的部分清单

1981 年 12 月	Naval Research Laboratory, Washington, USA.
1982 年 9 月	Bern University, Bern, Switzerland.
1985 年 9 月	Osaka University, Osaka, Japan.
1986 年 6 月	FOM Instition, Amsterdam, Netherlands.
1987 年 12 月	Argon National Laboratory, Argon, IL, USA.
1987 年 12 月	Florida State University at Tellehashi, Tellehashi, FL, USA.
1988 年 6 月	Rigen Research Central, Tokyo, Japan.
1988 年 9 月	University of California at San Diego, San Diego, CA, USA.
1989 年 8 月	Rosendale Research Central, Dresden, East Germany.
1989 年 8 月	University of Valladolid, Valladolid, Spain.
1989 年 8 月	Institute of Steal and Alloys, Moscow, Soviet Union.
1990 年 8 月	Chinese University of Hong Kong, Hong Kong, China.
1990 年 9 月	National Intitute of Standard and Thechnology, Washington, USA.
1990 年 9 月	Florida State University at Gainesville, Gainesville, FL, USA.
1990 年 9 月	IBM Alameda, San Jose, CA, USA.
1991 年	General Motor R&D Central, Detroit, MI, USA.
1992 年	Copenhagen University, Copenhagen, Denmark. Aarhus University, Aarhus, Denmark.
1994 年	Institute of Nuclear Engineering, Milan, Italy.
1996 年	National Research Laboratory (at Orsay Villa), Paris,

	France.
1997 年	United Technology, Boston, MA, USA.
1998 年	University of Michigan, Ann Arbor, MI, USA.
1999 年	National Institute of Standard and Technology, Washington, USA.
2000 年 11 月	University of Michigan, Ann Arbor, MI, USA.
2000 年 12 月	Massachusetts Institute of Technology, Boston, MA, USA.
2000 年 12 月	Naval Research Laboratory, Washington, USA.
2000 年 12 月	National Institute of Standard and Technology, Washington, USA.
2002 年 8 月	University of Livermore, Livermore, United Kingdom.
2003 年 11 月	University of Illinois, at Champaign, MI, USA.
2004 年 3 月	Arizona State University at Phoenix, AR, USA.
2004 年 3 月	University of California at Los Angeles, Los Angeles, CA, USA.
2005 年 12 月	广州有色金属研究院，广州，中国.
2005 年 12 月	西北工业大学，西安，中国.
2006 年 5 月	航空材料研究院.
2006 年 6 月	北京科技大学，北京，中国.
2006 年 6 月	上海交通大学，上海，中国.
2006 年 8 月	香港城市大学，香港，中国.
2006 年 8 月	中山大学，广州，中国.
2007 年 8 月	University of Tokyo, Tokyo, Japan.
2007 年 9 月	中南大学，长沙，中国.
2008 年 9 月	山东大学，济南，中国.
2009 年 5 月	微系统与信息技术研究所，上海，中国.

137

2009 年 8 月	工程物理研究院，绵阳，四川，中国 .
2009 年 10 月	苏州大学，苏州，中国 .
2010 年 11 月	北京航空航天大学，北京，中国 .
2011 年 6 月	西安交通大学，西安，中国 .
2011 年 12 月	西北工业大学，西安，中国 .
2011 年 5 月	金属研究所，沈阳，中国 .
2012 年 4 月	宁波材料研究所，宁波，中国 .

1986 年 9 月，柳百新在第二次中日物理冶金学术讨论会（云南，昆明）上做大会报告，会议的全体代表合影。最后一排右起第十位为柳百新

1987 年 12 月，柳百新在参加美国 Materials Research Society–Fall Meeting 后，顺访美国阿贡国家实验室 (Argonne National Laboratory, ANL)，在材料学部前的留影

1988 年，第一届中国材料研讨会

第一排左起第五位为研讨会主席李恒德先生；后排左起第五位至第七位依次为柳百新、李冠兴研究员、石永康研究员

1988 年，柳百新应邀在日本京都召开的金属和合金中非平衡固体相的国际会议上做大会邀请报告，与会代表全体留影

前排正中是会议主席中村阳二教授，右边的是 Miedema 教授，左边的是 Massalski 教授；前排左一是 Caltech 的 Johnson 教授；第三排左四是柳百新，左九是日本东北大学的 Inoue 教授

1989 年，柳百新应邀访问西班牙的 Valladolid 大学并做学术报告，在物理系大楼前与 Julio Alonso 教授合影（左图）。多年后 Alonso 教授来清华大学访问，在柳百新的办公室合影（右图）

1989 年，中国物理学会主办的《物理》杂志编委会全体成员合影（北京，中国科学院物理研究所）

第三排左起第三人是柳百新。第一排左右两侧的是《物理》杂志的两位主编吴老师和王老师

1990年，中国材料学会（C-MRS）为举办 C-MRS-1990 国际会议而召开的各分会主席的预备会（北京，国务院西郊招待所）

第一排右起是：师昌绪教授（顾问），李林教授，严东生教授（顾问），林兰瑛教授，严铭杲教授，钱任元教授，李恒德教授（大会主席）。第三排左起第二位为柳百新（离子束材料改性分会主席）

145

1991年，柳百新于仙台参加非晶态材料的结构国际会议

第二排第一位是会议主席 Suzuki 教授，第四排左起第四位为柳百新

1993 年 11 月，清华大学干训所会议室第一届中韩双边离子束改性论坛

第二排左起第五位是柳百新，他右边一位是王佩璇教授，后排最高的一位是复旦大学的裘元勋教授。前排右四是李恒德教授，右六是清华大学杨家庆副校长

1993 年，柳百新获中国物理学会的叶企孙物理奖（凝聚态物理）的颁奖会全体与会者合影（清华大学干训所前）

第二排持奖牌最右边的为柳百新。第一排中间的是王淦昌院士，其右边为冯端院士、何泽慧院士、王大珩院士等。其左边是朱光亚院士、彭桓武院士、黄昆院士（物理学会理事长）等。柳百新右边后面一位是叶铭汉院士。其中许多院士均是物理奖的评委

1995 年 12 月，柳百新参加美国材料研究学会秋季会议（MRS–Fall Meeting–Boston）时，在分会场做邀请报告

1995 年 12 月，博士生张政军向美国材料研究学会秋季会议（MRS–Fall Meeting–Boston）投稿，被选为博士生优秀论文奖的最终获奖候选人，展板的照片中下方中间一位为张政军

柳百新参加在日本东京大学举行的材料的功能与微结构国际研讨会时全体与会者的合影

1995 年 2 月，澳大利亚堪培拉市，柳百新在第九届离子束材料改性（IBMM）国际会议上做大会特邀报告

1999 年 5 月 24~26 日，离子束与固体相互作用及材料改性研讨会在武汉大学召开，与会代表合影，第一排左四为柳百新

2000 年，柳百新应邀访问法国国家实验室（CSNSM）（巴黎–Orsay，France）并做学术报告，向该实验室的创办人，居里夫妇的女儿伊伦娜·居里和女婿约里奥·居里教授致敬

2001 年 12 月，柳百新和赖文生博士一起在参加美国材料研究学会秋季会议（MRS–Fall Meeting–Boston）后，应曾担任 MIT 材料系主任的 Merton Flemings 教授邀请，在 MIT 材料系做学术报告，报告会由前一届系主任 Carl Thompson 教授主持

　　2002 年冬，"973""材料的先进制备、加工与成形的科学基础"项目总结会在海南省三亚市举行

　　前排右起第七位是柳百新，第五位是胡壮麒院士，第八位是项目首席科学家石立开教授，其左边是李成功教授、陈国梁院士、柳百成院士等

　　2002 年，第二届海峡两岸清华大学先进材料研讨会在台湾新竹的清华大学举行，全体与会者合影，第一排左起第六位是柳百新

2012 年，柳百新、王克明（左一）、王曦（右一）三位院士共同主持在青岛举行的第 18 届离子束材料改性（IBMM–2012）国际会议，邹世昌院士（左二）任顾问

2013 年，第二届国际新材料大会在江苏省苏州市举行，柳百新做大会特邀报告

第 18 届离子束材料改性（IBMM-2012）国际会议全体与会者合影

1993 年，国家自然科学奖二等奖

项目名称：载能离子束与金属作用下合金相形成及分形生长现象的研究。在系统的实验工作基础上，率先提出离子束混合形成二元非晶态合金的判据——"结构差异规则"。该规则预言：在具有不同晶体结构的二元金属系统中，合金成分选在"两相区"中间，在适当的实验条件下（基体温升不能过高、适当的离子束流等），很有可能获得非晶态合金。进一步的实验和理论分析后，提出用二元金属系统的平衡相图中"两相区"的总宽度和生成热两个参数来预言非晶态合金的形成及其成分范围的经验模型，预言与实验结果符合得很好。

国家自然科学奖二等奖（1993 年）

1999 年，国家自然科学奖三等奖

项目名称：离子束材料改性中若干基础性问题的研究（亚稳合金形成的热力学和动力学模型，金属硅化物）。柳百新的研究组对二元金属系统中的亚稳合金相的吉布斯自由能进行了热力学计算。计算结果表明：对于生成热大于零的系统，界面自由能是互不固溶系统中形成非晶态合金的主要驱动力；而在生成热小于零的系统中，生成热本身是主要

的驱动力。由此建立了适用于生成热小于零和大于零的二元金属系统中多层膜离子束混合形成非晶态合金的、以界面自由能为核心的热力学模型。

国家自然科学奖三等奖（1999 年）

1993 年，中国物理学会叶企孙物理奖

项目名称：固体薄膜中离子束诱导非晶化及分形生长。

中国物理学会叶企孙物理奖（1993 年）

1986 年，国家教委科技进步（甲类）一等奖

1990 年，国家教委科技进步（甲类）一等奖

1995 年，北京市优秀教师称号

1995 年，梅贻琦纪念学术论文奖双奖（水平和数量）

梅贻琦纪念学术论文奖双奖（水平和数量）（1995 年）

1997 年，北京市教学成果一等奖

项目名称：培养国际一流水平博士生的研究与实践。

1997 年，北京市科学技术进步奖（自然科学类）一等奖

北京市科技进步奖（自然科学类）一等奖（1997 年）

1997年，全国优秀留学回国人员荣誉证书

全国优秀留学回国人员荣誉证书（1997年）

2019年，庆祝中华人民共和国成立70周年纪念章

庆祝中华人民共和国成立70周年纪念章（2019年）

学术兼职

美国物理学会理事（Fellow）；

国际期刊 *J. Nuclear Materials* 顾问编委会委员；

国际玻姆物理学会（Bohmische Physical Society）科学会员。

论文篇

从改革开放起，柳百新院士已发表 SCI 收录论文 540 余篇，综述论文 8 篇，以及受邀为学术专著撰写的 3 章。

1. SCI 收录的 540 余篇论文（Paper），请扫二维码查看。

2. 综述论文（Review Article）8 篇。

(1) Ion Mixing and Metallic Alloy Phase Formation

　　B. X. Liu

　　Physica Status Solidi A 94, p.11-34 (1986).

(2) Thermodynamics and Growth Kinetical Consideration of Metal-Nitride Formation by Nitrogen Implantation

　　B.X. Liu, X. Zhou and H.D. Li

　　Physica Status Solidi A 113, p.11-22 (1989).

(3) Formation and Theoretical Modelling of Non-Equilibrium Alloy Phases by Ion Mixing

　　B.X. Liu and O. Jin

　　Physica Status Solidi A 161(1), p.3-33 (1997).

(4) Irradiation Induced Amorphization in Metallic Multilayers and Calculation of Glass-Forming Ability from Interatomic Potentials

　　B. X .Liu, W. S. Lai and Q. Zhang

　　Materials Science and Engineering: Reports 29 (1-2), p. 1-48 (2000).

(5) Solid-State Crystal-to-Amorphous Transition in Metal-Metal Multilayeres and Its Thermodyanmic and Atomistic Modelling

　　B. X .Liu, W. S. Lai and Z. J. Zhang

　　Advances in Physics 50 (4), p. 367-429 (2001).

(6) Interatomic Potentials of the Binary Transition Metal Systems and Some Applications in Materials Physics

　　J. H. Li, X .D. Dai, S. H .Liang, K. P. Tai, Y. Kong and B. X. Liu

Physics Reports 455 (Nos.1-3) p. 1-134 (2008).

(7) Atomistic Theory for Predicting the Binary Metallic Glass Formation

J. H. Li, Y. Dai. Y. Y. Cui and B. X. Liu

Materials Science and Engineering: Reports 70, p. 1-28 (2011).

(8) Atomistic Simulations to Predict Favored Glass Formation Composition and Ion-Beam-Mixing of Nano-Multiple-Metal-Layers to Produce Ternary Amorphous Films

Meng Hao Yang, Jia Hao Li, Bai Xin Liu and Jian Bo Liu

Key Laboratory of Advanced Materials (MOE), School of Materials Science and Engineering, Tsinghua University, Beijing 100084, China

Metals February Issue, p.129-147 (2018).

3. 学术专著中的 3 章 (Chapter)

(1) Ion Beam Mixing

B. M. Paine* and B. X. Liu**

* Electrical Engineering, California Institute of Technology, Pasadena, CA 91125 (USA)

** Department of Engineering Physics, Qinghua University, Beijing (China)

Chapter 6, p. 153-222, in Beam Modification of Materials, edited by Tadatsugu Itoh, Elsevier Science Publishers B. V. 1989, Printed in the Netherlands.

(2) Ion-Mixing

B. X. Liu

Department of Materials Science and Engineering, Tsinghua University, Beijing 100084, China

Chapter 8, p.197-224, in Non-Equilibrium Processing of Materials,

Edited by C. Suryanarayana, Pergamon Materials Series, 1999, Printed by Elseviers Science Ltd. Oxford, UK.

(3) Atomistic Modeling to Design Favored Compositions for the Metallic Glass Formation

L. B. Liu, J. H. Li and B. X. Liu (corresponding author)

Key Laboratory of Advanced Materials (MOS), School of Materials Science and Engineering, Beijing 100084, China

Chapter 2.5, p. 228-258, in Alloys and Intermetallic Compounds (From Modeling to Engineering), Editor: Cristina Artini, 2017, Printed b CRC Press, Taylor & Francis Group, New York, NY 10017, USA

科学与多元文化的融合

柳百新院士工作已经超过 60 年，在材料科学和凝聚态物理领域都取得了优异的成果，已在国际学术刊物上发表了 540 余篇论文，培养了 50 多名博士生。生活中的柳院士是否已被繁重的教学科研工作耗尽了所有精力？1993 年，为了将柳百新的简历收录到 1993 年度的 Marquis Who's Who of the World（名人录）中的时候，编辑请他写出最多 5 个业余爱好（hobbies）。他将他的爱好归纳为三个方面：一是读书，他爱读各种类型的书籍，包括小说、名人传记（包括科学家和音乐家等的传记），以及有关科学发展史等的书籍。通过阅读这些书籍，他不但能了解科学发展的历史和规律，还有很多有趣的细节或小故事，能增长许多知识。二是音乐，他从青年时代开始就热爱欣赏多种风格的音乐，包括古典音乐、轻音乐、流行歌曲以及乡村歌曲等。三是体育，年轻时他爱好各项球类运动，而且爱一项就精一项，他的体会是基本功一定要学准确和扎实。现在年龄大了，他爱观看体育比赛的节目。此外，他很喜欢桥牌（Bridge），而且桥牌也是体育中的一个项目。

1．阅读

柳百新小时候，父母就在家中购置了商务印书馆出版的全套500本的小学生文库。其中就有关于古代名人的小故事：如孔融让梨、司马光砸缸等。对于几本经典的名著，他比较喜爱的是《三国演义》和《岳飞传》。每当放寒暑假的时候，他会把厚厚的一套《三国演义》从书柜里取出，反复阅读。他对作家罗贯中在这部长篇小说中描写的众多人物中，印象最深的是——诸葛亮、曹操和关羽。诸葛亮（181—234）与刘备的对话：《隆中对》，可以说是他未出山时，就料定了三分天下的格局；草船借箭和借东风说明作为一个军事家，他通晓天文气象的变化；令人感慨的是：为了恢复正统的汉室而两次北伐，直至"鞠躬尽瘁，死而后已"，壮志未酬病死五丈原，令读者为之潸然泪下。小说中的曹操（155—220），被描写为乱世奸雄，但他也是一位有谋略的政治家，他的曹氏家族对文学也有突出的贡献。小说中的关云长（???—215），平日里一部《春秋》不离手，一身忠义，智勇双全。在刘备率大军进军西川时，他留守后方重要的基地荆州，被东吴偷袭，兵败麦城，最终为国捐躯，令后人叹息不止。

柳百新也十分喜欢《岳飞传》，岳飞（1103—1142）一生做到了岳母对他的训词："精忠报国"。这位文武双全的英雄，和他的大公子岳云一起被埋在美丽的西湖湖畔。2008年是岳飞诞辰905周年，百新又一次来到杭州，特意去拜谒了岳王庙。墓地入口前的一副对联：青山有幸埋忠骨，白铁无辜铸佞臣，给百新留下了极其深刻的印象。百新还仔细诵读了刻在石板上、岳飞草书的"后出师表"。两位中华英雄人物的年代虽相隔800多年，但他们的心是相通的。

中学时期的柳百新，有更多的时间阅读他喜爱的小说。1954年，他有机会借到了法国作家大仲马创作的长篇小说《基督山伯爵》。百新在 3 天内读完了这部小说。这部小说的主人公爱德蒙·唐蒂斯是一个海员。爱德蒙在完成了一次出海任务后，回家预备和他心爱的未婚妻美蒂西斯结婚。在返航途中，他为拿破仑党人送了一封信。由此铸成了大祸——遭到两个卑鄙小人和一个法官的陷害，被打入了黑牢。爱德蒙在黑牢里整整待了 14 个年头，他的狱友法利亚神甫向他传授了各种知识，并在临终前把一个宝藏的秘密告诉了他。法利亚神甫去世后，爱德蒙用"换尸法"成功越狱。经过千辛万苦，他找到了宝藏而成为一个巨富，并以基督山伯爵的身份重回上流社会。他找到确实的证据，让毁了他的人生，并夺走他心爱的未婚妻的 3 个仇人，得到了法律的制裁。全书的情节跌宕起伏，故事离奇却不失真，让人回味无穷。

《三个火枪手》，又译为《侠隐记》，也是法国作家大仲马的代表作之一，讲述了路易十三时期发生在军队里几个火枪手身上的事情。主角是没落贵族出身的达达尼昂，他有火枪手梦想，从家乡辗转到巴黎，经历一系列事情之后和三个火枪手阿多斯、波尔多斯、阿岛斯组队，站在红衣主教对立面，效忠皇帝路易十三和皇后。这是一部纪实又有趣的历史小说。

中学期间，百新也读过不少苏联的小说，例如《战争与和平》《白痴》《复活》《静静的顿河》以及《远离莫斯科的地方》等。大学 6 年，因为需要学习的课程太多了，而且还要加强自己的外语能力，所以百新阅读小说的时间是不多的。

改革开放后，为了把教学恢复正常，并尽快把培养研究生的工作做好，柳百新阅读小说的时间也不多。但是他比较喜欢读科学发展以及科学家传记类的书籍。例如《爱因斯坦传》《吴健雄传》以及杨振宁和李政道先生发现"宇称不守恒"的过程，等等。最近，他找到了一部特别有兴趣的科学专著: *The Making of the Atomic Bomb*（《原子弹秘史》），作者是理查德·罗兹（Richard Rhodes）。这部书出版时，有六位诺贝尔奖获得者为之写了前言。本书着眼于大量的历史细节，描述了原子弹研制的过程，以及原子弹研制相关的 20 世纪上半叶原子核物理学的一系列进展。作者在书中描写了原子弹的理论基础，即"链式 - 核裂变"的可能性，以及制备出可控的原子弹的技术问题。作者以爱因斯坦、玻尔、齐拉、费米、奥本海默等主要历史人物的传奇经历为主线，不但栩栩如生地描述了他们的生平和科学活动，而且从多角度全面反映了原子弹研制的时代背景、科学和政治的相互作用，以及科学家与政治家的对话。本书的英文原版曾获得"普利策奖""美国国家图书奖"，被美国《时代》周刊评为"20 世纪 80 年代史家著作之一"，并被译成 10 余种文字出版。整个过程发生在第二次世界大战期间，从德国逃到美国的爱因斯坦等科学家联名上书罗斯福总统后，总统下令由一位陆军将军领导"曼哈顿计划"，物理学家奥本海默任首席科学家，最终提前制造出了两枚原子弹。"曼哈顿计划"是人类历史上最宏大的科学工程之一，作者以恢宏的架构和如数家珍般的叙事风格阐述了这个最宏大工程的全貌和细节。全书共 883 页，分为三篇。第一篇"深刻而必然的真理"，讲述原子核物理的发展史；第二篇"一种特殊的主权"讲述原子弹的复杂研制过程；第三篇"生与死"则细述了 1945 年 8 月，美国 B-29 型轰炸机在日本广岛和长崎投下的两颗原子弹。1945 年 8 月 15 日，日本天皇宣布无条件投降。柳百新那年 10 岁，同一条弄堂的一个居民先得知了这个消息，在弄堂里狂呼：日本投降了，日本投降了……居民们都从家里出来，一起欢呼。百新在读这部书的时候，对这批科学家的贡献深为敬佩，也非常赞赏作者写出这样一部有多重意义的巨著。

2. 音乐

欣赏多样化的音乐可以说是柳百新每天必安排的日程之一。他最早接触到音乐是在中学时期。中午有一个半小时的休息时间，当时的调幅（AM）收音机有一个台播放轻音乐，听着轻松的乐曲，既是欣赏，也得到了休息。有一年的暑假，上海交响乐团在上海文化广场（露天的）举行夏季音乐欣赏会，百新约了好友汪家起前去聆听。那天的结束曲是施特劳斯的《维也纳森林的故事》（*Tales from the Vienna Forest*）。1955 年秋，百新来到了北京，入学清华大学。大约是 1958 年，中央音乐学院附中（当时在天津）的乐队和学生刘诗昆到清华大学访问演出。刘诗昆担任钢琴独奏，演奏了柴可夫斯基的降 b 小调第一钢琴协奏曲。因刘诗昆的手指有些轻伤，他的老师只让他弹了第一乐章。这是百新第一次听到这首钢琴协奏曲，非常震撼。大约是在 1959—1960 年，苏联小提琴家大卫·奥依斯特拉赫来华访问演出。清华大学音乐室的陆老师，组织了收音机的转播，并在音乐会开始前，给大家做了一个简单的介绍。这是百新第一次聆听贝多芬的小提琴协奏曲，这个乐曲的开始就带有哲学气息，特别引人入胜，其第三乐章是华彩乐段，最为精彩绝伦。由此得知大卫·奥依斯特拉赫是当代最杰出的小提琴家。百新 1961 年毕业后，特意来到北京王府井的书店，选购了两套 78 转的胶木唱片（一套含 4 张共 8 面），其中一套是柴可夫斯基的降 b 小调第一钢琴协奏曲；另一套的 1~7 面是大卫·奥依斯特拉赫演奏的门德尔松的 E 小调小提琴协奏曲，第 8 面加上一曲门德尔松的《歌之翼》（*Song on the Wind*），这两首乐曲深深印刻在百新的记忆里。

1981—1982 年，百新在美国加州理工学院访问研究期间，休假日喜欢去音响商店看这方面的先进设备。他发现与播放和聆听音乐有关的三项技术进步：①调频（frequency modulation，FM）模式转播音乐，代替了调幅（amplify modulation，AM）模式。② 高保真（high fidelity）的立体声（stereo）音响系统，以及③减杂音的杜比（Dolby-b，和更高级的 Dolby-c）技术。这些先进技术极大地提高了聆听音乐的质量，而且对音乐创作者来讲，也提供了发展的空间和维度。

1982 年年初，百新用生活费中的节余购买了一台日本生产的 Sansui 收音机兼功放（receiver and amplify）和一台带有 Dolby-b/c 的磁带录放机。当时的南加州有几十个立体声的 FM/AM 广播电台，每天播放多种类型的音乐节目。例如，有一个台专门播放古典音乐，而且其节目预告单会事先在儿家书店免费发放。此外，还有许多电台专门播放现代的流行音乐／歌曲。经过一番检索，他选定了 6~8 个电台，从这些电台录下了大量他喜爱的音乐节目。1982 年年底回国时，大约共录满了 50~60 盘磁带（每盘 90 分钟）。

之后不久，他又购置了一台 CD 播放机。这样的配置使功放机既可以播放磁带，也可以播放 CD 上的音乐曲目。磁带播放的问题是：磁带用的时间长了，磁带上的信号会受损而影响音乐质量。为解决这个问题，他找到了有关信息技术服务公司，把磁带音乐资源，转换为数码记录并刻录在光盘上（或 U 盘上）。CD 播放机的问题是：读信号的激光头会被灰尘阻挡不能读出信号来。在使用手机的时候，他了解到 Apple 公司提供的一个 iTunes 软件，通过它，可以把 CD 盘上的音乐资源拷到 iPhone（iPod/iPad 均可）上。而且 iTunes 软件还把拷入的音乐资源进行"分类"安排，因此能很方便地找到想要的音乐乐曲。因此，他选用了 Apple 的 iPhone 手机和一个 iPod，并在其上都录入了他已有的音乐资源。

近年来，他又了解到"蓝牙"（Blue Tooth）技术的发展及其功能，便购买了高质量的"蓝牙适配器"，给原来的 Sansui 收音机（兼功放功能）加上了"蓝牙"功能，因此 iPhone 上的音乐就可以通过功放机，再通过一对音箱播放了。

迄今，柳百新的 iPhone 和 iPod-6 上已收集了大量他喜爱的音乐曲目，总量可以连续地播放 10 来天。

（1）媒体上经常播放的经典单曲和小品。

巴赫：G- 弦上的咏叹调；莫扎特：小夜曲；贝多芬：致爱丽丝；巴赫 - 古诺：圣母颂；门德尔松：歌之翼；勃拉姆斯：摇篮曲；李斯特：爱的旋律；Hungary 狂想曲 -2；格利哥：春；拉维尔：波莱罗；圣桑：天鹅；斯美唐纳：我的祖国；柴可夫斯基：1812 序曲，意大利随想曲，如歌的行板；肖邦：马祖卡舞曲，诙谐曲；施特劳斯：拉德斯基进行曲；等等。

（2）经典的交响乐。

乐圣——贝多芬：交响乐 1~9（卡拉扬指挥）；柴可夫斯基：交响乐 4~6（Ashkenazy 指挥）。

（3）经典的钢琴协奏曲。

柴可夫斯基：第一钢琴协奏曲 -b 小调（阿格里奇 / 郎朗 / 伯恩斯坦：钢琴）；拉赫马尼诺夫：钢琴协奏曲 -2 & 3（阿格里奇 / 郎朗：钢琴）；李斯特：钢琴协奏曲 -1 & 2；肖邦：钢琴协奏曲 -1 & 2；格利哥：钢琴协奏曲；贝多芬：钢琴协奏曲 -5（皇帝）；殷承宗：《黄河钢琴协奏曲》（郎朗：钢琴；余隆指挥）。

（4）四大著名小提琴协奏曲。

作曲家：贝多芬，门德尔松，伯拉姆斯，柴可夫斯基。

小提琴家：大卫·奥依斯特拉赫，爱沙克·斯特恩，帕尔马；莫特。

（5）圆舞曲和轻音乐。

约翰·施特劳斯：蓝色多瑙河，春之声，南方的玫瑰，艺术家的生涯，维也纳森林的故事，皇帝圆舞曲，等。

安德鲁·理奥：Vienna I Love（小提琴 + 乐队）。

（6）中外歌曲。

邓丽君：专辑；毛阿敏：专辑——同一首歌，等；韩磊：专辑——

再活 500 年，等；李健：传奇。

Bing Crosby：圣诞颂歌；Elvis Presley：50 首摇滚歌曲；爱伦·佩琦：专辑——猫；阿根廷不要为我哭泣；等。

乡村音乐：Kenny Rogers——专辑；Country Road Take me Home；Green Green Grass；Yesterday；Time to say Good By。

胡里奥·依格来希亚斯：爱情歌王——专辑（My Life；Hey）。

（7）新世纪音乐。

萨克斯风：Kenny G. 的 Going Home，Forever Love；等。

M. Tanaka：心灵的旅程之 Odyssey——专辑。

（8）Cloud Nine Music。

Starring Night；Imagine（1982 年录自美国南加州的 6~7 个音乐台）。

注：百新最初听到 Cloud Nine 时，误以为是 Cloud "Night"；后来在一个广告上看到：应该是 Cloud Nine，它表示"非常和谐愉悦"的音乐。

柳百新对音乐的爱好，不仅是为了休闲，而是通过音乐受到高尚情操的感染、高昂精神的振奋，以及从中汲取奋发向上的力量。他还认为，在深刻的音乐曲目中贯穿的哲理与自然科学是相通的。

3. 体育

柳百新在中学时期（1949—1955 年）坚持体育锻炼，参与多种有兴趣的球类活动。他爱好各项球类运动，而且爱一项就学好一项，他的体会是，练好基本功是最重要的。20 世纪 50 年代，圣芳济中学的排球队获得过上海市的冠军，为国家队输送了祝嘉铭、李宗镛等几名国手。百新在校期间也喜欢上了排球。但他的身高约为 1.74 米，不适合作为主攻手，因此他努力练好托球的基本功。入学清华大学后，参加了工程物理系的系队，作为主力二传，帮助球队获得了清华大学联赛的冠军。此外，他和同班的几位好友一起练习过羽毛球，当时的水平，主要靠四方球战术，以守为主，有机会时，反攻取胜。入学清华大学后，也曾经在校队效力一段时间。

柳百新还很喜爱要求精确计算的桥牌。高中期间，他和好友汪家起，认真地向家起的父亲等老一辈的桥牌高手学习，并达到了能和他们同桌切磋的境界。事实上，正式的桥牌比赛，甲队和乙队各有两对选手，分别在 A-B 两个隔离的房间，与另一个队的两对选手进行比赛。一副同样发好的牌，在 A-B 两个房间都要用一次，但分配中要互换一下位置。简单地说，如果 A 室中甲方拿的是好牌，那么在 B 室中乙方就用好牌。比赛结果是看甲队和乙队最后得分的"差异"。1955 年到清华上学后，因为没有合适的合作者（partner），基本上不打桥牌了。1959 年暑期回上海时，又到好友汪家起的家里与前辈专家一起打几局。百新的合作者是获得过上海桥牌冠军的王老伯，汪家起与他父亲合作。有一副牌，经过几轮叫牌后，王老伯因为缺少一张 K 而决定以小满贯定局（13 中赢 12）。但是百新的牌中那套花式正是单张的 A（之后可以用"将牌"去赢对方的那个 K），因此他加叫到大满贯定局（13 中赢 13），并且最终做成了大满贯。事实上，要发出这样分布的牌的概率是很小的，因此是一次机遇，也是挑战，那一次百新和王老伯成功了。总之，桥牌是一项对智力要求很高，需要合作者高度默契并具有很强的随机应变能力的智力运动。

随着年龄增加，百新改为观看体育比赛的节目。在美国访问研究期间，他很喜欢看 NBA。20 世纪 80 年代，美国的两大球星是洛杉矶湖人队的魔术师（Magic Johnson）和波士顿的 76 人队的大鸟（Larry Birds），是当时最有名的球手，他们共同把篮球的技术推向了非常高的水准。

2004 年雅典奥运会刘翔夺冠，百新特意熬夜等到凌晨观看现场直播。当 8 位运动员站在决赛起跑线上的时候，刘翔是唯一的亚洲人，也是唯一的中国人。他的夺冠大大鼓舞了中华民族奋发图强的精神。应该说，刘翔在田径运动方面的贡献是最多的一位了。

说起斯诺克（Snooker）来，百新也很喜欢观看火箭-奥沙利文、金左手-威廉姆斯、巫师-希金斯、皇帝-亨德利以及我国的小将丁俊晖等高手之间的比赛。设想一下：全台上 15 个红球（一球一分），6 个彩球（分值从黄到黑分别为 2~7 分）。比赛双方共用一个白球（也称为母球）。按斯诺克的规则进行，一红一黑可得 8 分；一杆连打 15 套可得 120 分；然后一连打完 6 个彩球可得 27 分；因此，单杆最高的满分是 147 分。在大赛中，要打满 147 分是很不容易的，需要精确的计算，全面安排，以及强大的心理素质，才能滴水不漏地去完成一杆 147 满分。据报道，火箭-奥沙利文的 147 分是 15 次最多的一位。丁俊晖也曾打出过 6 次 147 满分。

前面曾经提到过，有人认为体育活动好像是人类社会活动的"模拟器"。比赛前要做好准备工作；比赛中要遵守规则，运用适当的策略，也要有思想准备去面对各种意外；等等。因此，在比赛过程中，需要根据情况变化而及时做出调整。这都是人们在日常工作和生活中会遇到的。换句话说，人们经常会遇到进与退、取与舍、赢与输的机遇／挑战，因此体育运动的过程可以比拟为微缩的人生。简言之，百新体会到：体育运动对提高个人的情商是很有裨益的。

栉风沐雨八十载

——献给我的老师柳百新

文 / 王曦

春秋交替，岁月轮回！

我最尊敬的老师柳百新先生即将迎来 80 寿辰，在此，谨向柳先生献上最真诚的祝福，祝福他幸福安康，福寿绵长！

80 载的风雨沧桑。柳百新先生在从事长达几十年的材料科学研究中，孜孜不倦，努力进取，积极奉献于材料科学事业，做出了重大贡献，推动了我国材料科学的进步和发展。

一路耕耘，一路奉献；一路欢歌，一路辉煌。柳百新先生用他的行动演绎出老一辈科学家艰苦奋斗、刻苦攻关、团结协作、锲而不舍的精神，用他的人生轨迹诠释了老一辈科学家敢为天下先、勇攀科学高峰的风范。遥想在清华校园，柳先生言传身教，以大师的风范影响和带出了一大批优秀人才。柳先生对祖国的拳拳之心，对科学事业的执着追求，对学术研究的严谨作风，以及对人生乐观、豁达的态度，一直激励我们这些学生不懈地去实现更高的目标，去感受老一辈科学家的那种精神，使之化为无形的力量，将信念化为脚下的路，把憧憬变为手中的犁，以崭新的姿态、求新的思想、创新的行动，仰望新的晴空，去迎接更加美好的明天！

莫道桑榆晚，为霞尚满天。诚挚地祝愿柳百新先生青春焕发，再铸辉煌！

中国科学院院士、中国科学院上海微系统与信息技术研究所所长

2014 年 10 月

柳百新与王曦合影

来自约翰·霍普金斯的贺信

文 / 马恩

JOHNS HOPKINS   UNIVERSITY

Department of Materials Science and Engineering

102 Maryland Hall / 3400 N. Charles Sreet

Baltimore MD 21218-2689

410-516-8145 / Fax 410-516-5293

I am delighted to learn that the School of Materials Science and Engineering is editing a book to compile selected works of Prof. Baixin Liu, on the occasion of his 80th birthday. It gives me much pleasure to compose this brief memory essay to accompany this commemorating book, as an opportunity to reflect on the years I had as a graduate student at Tsinghua with Prof. Liu in the 1980s, when I began my career in materials science.

Baixin and I go a long way back, 31 years back to be exact. We came together in 1983, and I was in the first group of graduate students he ever advised at Tsinghua. In this regard, I am also representing a number of other Tsinghua friends and classmates; they also worked with Prof. Liu in the labs and offices on the second floor of the Engineering Physics Building. Back then Baixin just came back to Tsinghua from his 2-year research sojourn at Caltech, starting his own group from scratch. So we witnessed the very beginning of his journey, i.e., the research career of Baixin at Tsinghua. And we were probably the authors who produced the first group of papers with him after his return to China.

The graduate student class I was in was special. We were from Class 77, the very first class that graduated at Tsinghua after the infamous 10-year long Cultural Revolution. Before us, from 1966 to 1976, for 10 years in a row, in China there was no higher education as we know it, and no graduate school either in its normal sense. Other than Fuzhai Cui (now a famous professor at Tsinghua), who was the first PhD student of Prof. H.D. Li back then and much more senior than us, I had no idea how graduate students would be like and what they would be doing. So we were in a clean slate from the get-go, and a fresh experiment on Tsinghua campus. The sense of mission pushed us forward to "make progress everyday", and everything we did seemed unprecedented.

I was lucky to have Prof. H.D. Li and Prof. Baixin Liu as my advisors. Baixin, being fresh back from Caltech, was probably the only one (or very few) in the department then who had just experienced how modern-day materials research was being conducted at a first-class graduate school. In Baixin, we saw a focused and hard-working scholar, highly-motivated to make a difference. His research-oriented approach and familiarity with the outside world helped us quickly reach the forefront of the field, in the area of ion beam modification of materials. His infectious ability to communicate effectively influenced us all, not only myself but also fellow students like Li-Ji Huang and Jian Li, who joined the group soon after me over the ensuing years. We became the first group of graduate students who wrote papers in English and got them published in international journals. This may be normal among today's students, but was a rare feat in China in the mid 1980s.

The student group back then was so small, and the advisors were so focused on their students, that the students/teachers were very close. For several years, day in and day out we practically shared all the times together in the labs and offices. We became personal friends as well. We invited Prof. Liu to students' badminton games and spent time with him in his recovery room when he was hospitalized. He routinely sat down to tell us his stories in California, sharing with us his thoughts about what needs to be done next. He even invited me to his home to watch TV (by the way, his colored TV was a rare commodity back then; for instance without it I would have missed the 35 National Day parade of 1984!). Baixin became an indispensable link in the chain of memory of our Tsinghua years.

Speaking of the influences he had on students, Baixin's personal experience showed me that the right next-move would be to spend time at a top school in the US. I followed his footsteps and went to Caltech in January 1986 to work with Prof. Marc A. Nicolet, as a visiting graduate student. I came back to Tsinghua three years later in 1989. This was rare as well; in fact I was probably the first student at Tsinghua, to take on such a long international leave while pursuing PhD. Obviously, it was Baixin's vision and connection that made it happen.

I received a postdoc offer from MIT/IBM after my PhD defense. At that time, it was very hard to obtain permission to leave China. One must have a governmental affiliation to approve the "going abroad" to get passport, but I was graduating so Tsinghua was not prepared to be my "sponsor". I could not find anoher employer either: no one would want to go through the trouble since my intention was to leave China right away for a postdoc overseas. Yet, without such an affiliation there would be no passport, let alone the visa to the US. So I was stuck between a rock and a hard place. All that I could do was to petition the various offices of the Tsinghua authorities for many weeks, and repeatedly push for "at your next meeting, please discuss my case again, as an exception to your rules". Even today I stil vividly remember Baixin standing outside the administration office leaning on the bicyele by his side, waiting to see how I did after I got a chance to plea for ~10 minutes to someone, such as a vice president or anyone who may have a say in the matter.

Over the past decades, I have visited Prof. Liu and Tsinghua from time to time, and have been amazed by his fast pace in publications, his passion to keep on pushing forward, and his ability to run/maintain his large group. Numerous students have come and gone, and Prof. Liu remains as diligent, healthy and influential as before. This is a life achievement very few people can reach at the age of 80.

Time flies. Thirty years ago in 1985, I obtained my MS degree at Tsinghua, working with Prof. Liu and Prof. Li30 years have passed, and I have moved through a number of places, from Beiing to Baltimore. Prof. Liu is still within a few hundred yards from where we started, passionately and persistently laboring on his favorite subjects. We are now apart across the Pacific Ocean and may not have many opportunities to get together physically. But the fond memories are always there. And, believe it or not, 30 years later, I am still working on metastable materials today, ☺ , albeit in different sub-areas.

En (Evan) Ma

Professor of Materials Science and Engineering

E-mail: ema@jhu.edu

2014-11-30

Brief biographical information:

E. Ma is a professor of Materials Science and Engineering at Johns Hopkins University. He did his undergraduate studies at Tsinghua Univ. and graduate work at Tsinghua and Caltech, and was a postdoctoral fellow at MIT, Univ. of Michigan and UIUC. He was an assistant and associate professor at LSU before becoming a member of the JHU faculty in 1998. Prof. Ma has published~285 papers (w/ ~15,500 citations and h index=66) and presented ~110 invited talks at international conferences. He is an elected Fellow of American Society for Metals, and also of American Physical Society. Since 2009, Dr. Ma has been an adjunct professor at Xi'an Jiaotong Univ. in China. His current research interests include amorphous metals, chalcogenidephase-change alloys for memory applications, nanostructured metals, dislocationsand twins in plastic deformation, in situ transmission electron microscopy, and elastic strain engineering of small-volume materials.

左一为金属所的徐坚教授，中间为柳百新，右一为马恩

师恩伴我前行

——记我的导师柳百新院士

文 / 赖文生

一、师生篇

清华大学是国内学术水平最高的大学之一，一直是我心中向往的求学圣地。在这里能师从柳百新教授，更是倍感荣幸！回想当年，至今仍历历在目。1984 年我由江西龙南考入兰州大学，本科、硕士毕业后留校任教。留校两年后，我想进一步提升自己的学术水平，就有了再读博士的想法。于是我就写信联系一位当时已在清华读博的师弟，让他给我推荐一位学术水平高的清华博导。这样初识柳百新教授：学术水平很高，对学生既严格要求又和蔼可亲，跟柳先生读博可以学到真本领。我当即下定决心要跟柳先生读博，于是就立刻写信联系柳先生读博之事。过了不久，就收到柳先生的回信，他欢迎我报考他的博士生，并让我有时间到北京见一面。

1993 年的冬天，我来到了北京，怀着一颗忐忑不安的心到工物馆去拜见柳先生。柳先生的办公室位于工物馆二层西北部 252 房间，252 房间是个大间，进了门是个过道，正对着的房子就是柳先生的实验室，实验室里面隔成两间，外间有 10 平方米左右，放了两张桌子，上面两台 386 电脑相对而放，是当时学生用来处理实验数据及写论文用的。里间，正是柳先生的办公室。办公室面积也约有 10 平方米，里面放了一张办公桌、几把椅子和几个书柜。我进到里间，就见到一位非常沉稳、儒雅，但很精神的中年学者，他戴副眼镜，微笑着招呼我坐下，这正是柳百新教授本人。见面后柳先生的开朗豁达、平易近人，很快就让我的忐忑之心平静了下来。接着柳先生的侃侃而谈，更让我倍感亲切，相见恨晚应该就是这种感觉吧！我来时带了我在中文期刊及国际会议文集发表的几篇论文，柳先生看了一下论文，然后问我是否知道SCI论文。我告诉他，兰大很重视在国际3300种核心期刊上发表的论文，但我还没有发过此类论文。柳先生告诉我，他组里博士生的论文都是发表在这些期刊上的，其中在读的张政军已在国际物理权威期刊 *Physical Review B* 上发表了2篇论文。我听后心里感到柳先生组里学生的水平如此之高，是我望尘莫及的，于是更加希望能师从柳先生读博。通过交谈，在柳先生了解到我教"固体物理"及从事固体缺陷的计算机模拟研究工作后决定接收我。他当时告诉我会给学校写信，争取让我免试进来读博，另一方面也让我准备复习博士生考试科目，做两手准备。他还告诉我，组里有个外校来的学生，在考英语时没考好，但他给学校写信，后来学校特批让这个学生进来跟柳先生读博。千里马常有，而伯乐不常有！柳先生在识人方面独具慧眼，果不其然，这位学生在柳先生指导下不仅英语过关了，而且科研工作做得非常出色，取得了丰硕成果！由于柳先生的学术水平很高，在清华享有盛誉，最后学校批准了我免试入学读博，感激之情，难以言表！

1994年9月我便如愿地进到了柳先生的课题组读博，从此与柳先生结下了师生之缘！进入柳先生课题组读博后，我清晰记得，刚入学柳先生就找我谈话，让我了解了他先进的指导博士生的理念。他告诉我，读书方面你们是有能力的，上课认真听讲，把课程内容掌握就行了，有富余的精力要放到科研上，越早进入科研，工作就越主动，取得的科研成绩就会越多。师兄潘峰就是听从柳先生的教诲，用两年半时间就完成了博士论文，发表了十几篇SCI论文，给后来的学生树立了很好的榜样。我也很想按照先生的教诲行事，但实际上却没做到，原因是第一学年我除选修一些必修课外，还有助教工作。而助教工作内容对我来讲是全新的，所以花费了我大量的时间和精力。尽管如此，先生的教诲及师兄的榜样仍然鞭策着我要在科研上努力。所以第一学年我也抽出些时间对课题做了些调研。柳先生对我的课题安排是，能否与课题组的实验研究相结合，发挥自己的特长做些计算与模拟的工作？当时课题组主要从事金属多层膜的离子束混合及退火实验，研究材料中的固态相变规律，主要揭示非晶态合金或亚稳晶相形成的规律。我结合这些实验研究，做了相关的调研。第一学年我并没有实质性的工作进展，柳先生对我表现出相当的宽容，尽管他工作十分繁忙，但他还是抽出时间多次找我谈话，关心我的学习和生活，并与我讨论课题选择方面的问题。

在选定用分子动力学模拟研究固态非晶化反应为博士论文题目后，柳先生就为我争取到开展课题研究的物质条件。先是在材科教研组要到了一间小房间，是原来公用 X 光实验室里的一个洗照片用的暗室。房间较小，约 4 平方米，但很安静，我可以静下心来编写程序。1995年柳先生又为我购置了一台 486 电脑，用于编程计算。半年后，课题组升级购置电脑，又为我优先置换了奔腾 586 电脑，以利我开展计算与模拟。在我读博的第二学年（1995.8—1996.7），我主要从事分子动力学模拟的编程工作。其间，柳先生经常找我谈话，关心我的进展情况，并讨论课题中出现的物理问题。通过这些讨论，指导了我的编程。柳先生对科研敏锐的判断和独到的见解给予了我科研的灵感，让我获益匪浅！

经过读博第二学年一年的编程工作，我的课题终于进入了令人鼓舞的新的阶段。当时为了加快计算，除了我专用的 586 电脑外，柳先生还让组里其他两台电脑在其他学生不用时也运行我的程序。1997年我的研究终于有了可喜的成果，柳先生非常高兴，敦促我尽快把论文写出来。草稿出来后，柳先生马上在电脑上帮我修改。我坐在柳先生的旁边，柳先生一句一句整篇修改，不仅是修改英语语言，更是在修改中教会我如何更符合逻辑地撰写论文。一篇论文往往需要修改一周左右，期间还要反复修改多次。柳先生一丝不苟、严谨认真的工作态度可见一斑！作为学生的我，深受启迪并学会了如何写科技论文的真本领。我写的第一篇论文投到了 *Euro Physical Letter*，并很快就有了结果，于 1997 年 10 月在该期刊上正式发表。这是我在 SCI 上发表的第一篇论文，也是我人生的一次跨越：不自信的我从此开始变得有信心了，而且使我对科学研究有了更浓厚的兴趣。这一切都是在柳先生的帮助下实现的，刻骨铭心、永生难忘！

在发表论文过程中还有一件事让我记忆深刻，那就是柳先生与论文评审人的学术辩论。1997 年我重点研究了 Ni-Zr 多层膜的固态非晶化反应，对此做了深入的计算和分析，探讨了非晶化的机理、非晶相非对称生长及界面织构和温度对非晶化反应的影响等物理内容。柳先生鼓励我写一篇比较全面的论文投到 *Physical Review B* 上发表。评审人在第一轮评审中总体上还是肯定了我们的工作，但也提出了许多问题，如模拟的一些细节条件等。我们对这些问题一一作了答复，猜测修改稿寄回去后可能会被接收发表。但没想到在第二轮中，评审人又提出了一些问题，我们又一一作了答复。 更没料到第三轮中，评审人又提出了更尖锐的问题：关于扩散系数的模拟结果如何与实验结果做比较。看到问题后，柳先生与我做了深入讨论，发现模拟的时间尺度（纳秒）与实验尺度（半小时）不同，因此模拟不能与实验做定量比较，模拟是非晶化反应的早期阶段，是对实验的补充，而其观察到的扩散控制非晶化过程，与后面较长时间的实验结果是一致的，从而揭示了非晶化过程是受扩散控制的。在与评审人的辩论中，我看到评审人不断提出新问题，且越来越尖锐，导致我对论文能否被接收深感忧虑。但柳先生在第三轮的回复信中，除正确答复问题之外，也表达了抗辩，即论文评审的程序应该是有序的，评审人有问题是合理的，应该一次性提出，而不应该不断提出新问题，使论文评审一直延续下去。编辑在看了我们第三次答复信后，随即做出决定，接收了我们的论文，发表出来一共有11页。通过这件事，我看到了柳先生作为中国学者的尊严与傲骨！在学术上，中国学者与外国学者一样平等，我们并不比他们差，矮一头。柳先生据理力争、不卑不亢的态度获得国外同行的钦佩！这件事极大地增强了我的自信心，对我今后的科研和工作产生了深远的影响。

1998年在我们即将毕业时，先生和师母邀请杨涛、兰爱东、陈益钢和我一起到他家做客。共进午餐之后，先生和师母还为我们每人准备了不同的礼品（给我的是一条领带）。先生和师母祝贺我们拿到了博士学位，并鼓励我们要继续努力，追求更高的目标，将来做高级科学家。先生的关爱与期望给了我们巨大的鼓励和鞭策，促使我们要进一步努力去实现人生更高的目标。

四年来，我们师生间从无浮华的赞美，也无世俗的客套，有的只是信任、尊重和爱戴！这种师生真情如陈年酒酿，愈久弥香！

二、同事篇

柳先生在20世纪90年代初就意识到计算材料学将会有很大的发展空间，将成为材料科学领域的一门新兴学科。1992年创刊的Elsevier期刊 *Computational Materials Science* 和英国IOP期刊 *Modelling and Simulation in Materials Science and Engineering* 就是柳先生远见卓识的最好验证。1994年我的加入使柳先生想尽早开展这方面工作的想法得以付诸实施。1997年我的研究成果发表出来后，柳先生希望我毕业后留校工作，我欣然同意。1998 年柳先生以计算材料学是一门新兴学科、清华大学材料系需要相关科研人员为由，向系里打报告申请让我留校。我通过系里人才引进小组答辩后，便留校工作，从此由先生的学生转变为先生的同事。

1998 年 6 月留校后，我即担任了材 81 班新生班主任。柳先生非常关心我的成长，他告诉我当好大学教师，必须做好以下几件事：①获得经费资助是开展科研的必要条件，因此写好申请书，获得科研经费是非常重要的。②大学教师要提高业务水平，就要从事科研工作，带好研究生，发表高水平学术论文。③大学的根本任务是培养学生，因此讲好课是教师必备的技能。要做到这点，最好能做到教研相长。④大学教师要进行学术交流，参加学术会议，了解相关领域的研究前沿。先生的谆谆教诲，我始终铭记在心，并以此为镜不断要求和提升自己沿着这个方向奋力前行。

记得我留校后第一个新年就面临着写基金申请。先生建议我申请国家自然科学基金青年基金项目，为此他把以前的申请书提供给我，方便我参考。这是十分难得的！因为第一次写基金申请的我，看着基金申请书的各个栏目，一头雾水，无从下手，而柳先生的申请书如同雪中送炭，帮了我大忙。国家基金委靳达申处长曾经到清华做关于"如何申请基金"的报告，其间靳处长提到清华大学的柳百新教授基金申请书写得非常好，很标准，100% 中标。当时听后，为先生的才华感到骄傲和自豪！更为作为他学生的自己感到荣幸！在后来的十几年里，柳先生基金申请一直保持了这个纪录，是我国基金申请史上的一个传奇。也正是在参考了柳先生的申请书后，我完成了自己的基金申请书，更为幸运的是我的基金申请当年就获得批准！现今我还一直保留着柳先生当时给我的申请书，它同时作为一份厚爱被永远珍藏在我的记忆里！

柳先生在做科研、带研究生方面有着非常丰富的经验。早在我读研究生期间就已耳濡目染。工作后，柳先生仍细心传授我他带研究生的心得。柳先生带学生，希望学生与导师互动，这样学生可借助导师经验少走弯路，而学生及时把实验结果反馈，并与导师讨论和交流想法，可让导师了解学生的进展，及时给予指导。柳先生还时常召开组会，他先简要通报学生们的科研进展，然后与大家一起讨论科学问题。在组会上，柳先生会大力表扬科研做得好的学生，希望他们精益求精，百尺竿头更进一步；但先生很少会在组会上批评学生，对科研进展较慢的学生，柳先生会单独找他谈话，催促他们抓紧工作。先生以这种方式，不仅鼓励先进，而且又以委婉方式鞭策后进。先生非常重视总结科研成果，他嘱咐学生在做科研时要及时整理成果，并以撰写学术论文为牵引，让学生学会分析问题，总结论文的论点，完善论证过程和相关论据，再按规范格式及合理逻辑把论文写出来。学生写出论文初稿后，先生会及时让学生坐在他身边，然后在电脑上帮助学生逐字逐句地修改论文。正是先生这种勤奋认真、严谨治学的工作态度，不仅使学生提高了英文写作水平，而且掌握了做科研及论文写作的精髓！

在学术论文发表方面，柳先生是国内最先提倡发表 SCI 论文的学者之一。早在 20 世纪 80 年代末和 90 年代初，柳先生就在多种场合表达了做科研要发表 SCI 论文的观点。先生不仅这样说，而且身体力行，获得了 1993 年国内以第一作者身份发表 SCI 论文数量第一名。 在他的言传身教下，先生的弟子陈益钢获得了 1997 年国内以第一作者身份发表 SCI 论文数量第二名的殊荣。先生的真知灼见不仅使弟子受益，而且这种观点逐渐被国内其他学者所接受。目前，发表 SCI 论文已成为国内多数高校理工科博士生获得博士学位的要求。除了提倡发表 SCI 论文外，柳先生对发表高质量的 SCI 论文也非常重视。他经常跟我们讲，SCI 论文有三类：第一类是快报（Letters），简要报道最新的科研成果。第二类是常规论文（Regular Articles），详细报道具体的科研成果，这是多数人发表论文的形式。第三类是综述论文（Review Articles），报道作者在某一领域的集成成果。第三类论文不是谁都能写的，而是由杂志社编辑约稿才能写的。一般作者须在该领域做出有分量的系统性成果，才会被期刊约稿。正是基于对 SCI 论文质量的深刻认识，柳先生经常系统深入地开展某个方面的科学研究，从而因成果累累被约稿而发表综述论文。他于 1986 年发表了第一篇 Review Article，后来的两篇 Review Article 我也参与了撰写，并分别发表于 2000 年材料类期刊影响因子排名第一的 *Materials Science and Engineering R-report* 和 2001 年物理类期刊影响因子排名第一的 *Advance in Physics* 期刊上。在先生的影响下，弟子潘峰教授和李家好博士近年来发表了多篇 Review Articles，所有这些成果都印证了先生在科研方面的高瞻远瞩以及影响力！先生的言传身教必定会让我们这些弟子们在科研这条道路上走得更稳、更高！

　　教学是大学教师的另一个非常重要的工作，也是培养学生的重要环节。因此，每位教师都应做到把书教好，而如何教好却大有玄机！我在读博士期间，选修了柳先生教授的"材料物理选题"课。记得柳先生当时上课时，给我们复印了离子束与材料作用方面的书，对书里内容，柳先生强调让我们自己去读，并出了一些题让我们做，而柳先生上课时则结合科研，介绍他的经验及相关领域的最新进展。由于我们都具备一定的自学能力，读书对我们而言不是难事，我们结合柳先生出的题，一边看书一边做题，很快就把相关的知识学懂了。然后在课堂上再听柳先生的科研经验及相关的前沿热点，让我们有耳目一新、融会贯通之感！由于我就在柳先生课题组里，他的课对我帮助更大，当时我还据此选定了博士生的论文课题：用分子动力学模拟研究固态非晶化反应。柳先生这种教研相长的观点深刻地影响着我！我在 2007 年开设的本科生"计算材料学"课里，也把自己的科研融入其中。在教学中我把原子作用势拟合的理论及我编写的程序教给学生，使他们学会了多体势的拟合，以及如何开展分子动力学模拟。我的教学方法受到学生的欢迎，在学生评教中，得到了 8 个笑脸，获得的成绩比当年全校平均分高出了 5 分，正所谓名师出高徒！柳先生不仅在科研方面出色，教学方面更是卓尔不凡！

大学教师要从事科学研究，并了解前沿研究热点，进行学术交流就变得十分重要。在这方面我得到了柳先生的大力帮助。记得我留校后不久，2000 年柳先生就带我去参加美国材料研究学会（MRS）举办的秋季国际材料大会。会议前柳先生和我都投了稿并获得了口头报告的资格。这是我第一次出国，一切对我而言都是全新的。临行前柳先生对出国访问的目的地、行程路线和住宿都事先做了非常周密的规划和安排。我们去美国，除了参加会议，还访问了四个单位，收获颇丰。一路上我和柳先生同吃同住，亲身经历了柳先生作为中国学者与人交往的自信、从容和真诚！

我们到达美国的第一站是访问位于 Ann Arbor 的密歇根大学（University of Michigan），这是应核能工程和放射科学系主任的邀请前去访问的，由王鲁敏教授接待我们，柳先生在系里做了学术报告：关于金属玻璃形成的原子尺度计算与模拟的结果。报告后，王鲁敏教授和系里另一位资深教授 Rodney C.Ewing 邀请我们一起喝咖啡，并进行了亲切交谈。晚上，系主任邀请我们一起进餐。

然后，我们到达波士顿，参加了 MRS 大会。对柳先生而言，做学术报告显得很轻松，把幻灯片往投影机上一放，就能流利地讲述其内容，出口成章。对我而言，却是件很头痛的事。我是第一次参加国际会议，并用英语做报告，心里充满紧张和焦虑。柳先生安慰我，并建议我把每张幻灯片要讲的内容写下来，然后在酒店的客房里反复练几遍。之后，柳先生当听众，让我试讲，并对讲得不太好之处提出建议。

在柳先生的帮助下，最后顺利在会上做了口头报告。

会后我们还应曾多年担任麻省理工学院（MIT）材料系主任的 Merton Flemings 教授邀请前去访问。Flemings 教授热情地款待我们，把我们安置在他和几位朋友合办的私人会所的客房住宿，周末他和夫人还邀请我们共进晚餐。周一正式接待我们的是上一任材料系主任 Carl Thompson 教授，并安排我们到各个教授的研究组去交流，中午请我们一起在著名的海鲜餐馆用午餐。下午 1 点半报告正式开始，报告得到很高的评价。我心知能被邀请到世界一流名校 MIT 做学术报告，足见柳先生的学术水平之高。当时尤为让我感到惊讶的是，柳先生不仅英语水平高，做报告流畅自如，而且在与外国人一起用餐时谈笑风生，游刃有余。我被柳先生的渊博知识和学识所折服，暗想这不是我所能及的，唯有今后勤奋些，尽可能跟上柳先生的步伐。

我们接下来飞往华盛顿访问海军研究实验室（Navy Research Laboratory，NRL），柳先生在那里做了学术报告，我们住在 NRL 下属一个研究室主任 G.Hubler 教授家里。款待我们的教授是一位典型美国白人，他夫人是有色族裔，他们非常热情地招待了我们。第二天，女主人还带我们去参观了她上班的地方——美国历史博物馆，并亲自给我们做讲解。给我留下深刻印象的是美国的博物馆都是免费对游人开放的。女主人曾来中国访问过，她对中国人民的热情和友善赞赏有加，并对中国的膏药情有独钟。临走时，女主人托我们回国后给她寄一些治疗颈椎的膏药。这次经历，我看到了中美人民之间的纯真友谊。最后，我们还顺访了柳先生的小学同学贝桐森先生工作的单位——美国国家标准与技术研究所（National Institute of Standard and Technology，NIST）。访问结束后，贝桐森先生在家里招待我们，并把柳先生的另一位同学汪家起先生从南方请过来相聚，一起陪同我们参观了美国国家艺术博物馆，使我见证了友情的珍贵与恒久。之后，我们就从华盛顿飞回了北京，结束了此次美国之行。每次想起这段出国交流经历，总让我记忆犹新、感慨万千！柳先生学识之渊博、英语之流利和才华之横溢让我由衷钦佩！更让我感激的是，在柳先生的帮助下，我克服了内心紧张的情绪，实现了人生的一次超越，我对今后国际交流更有信心了。

在我留校当教师成为先生的同事之后，写基金、带研究生、讲课以及国际交流这些作为当好大学教

2001 年，柳百新与赖文生博士于美国国家艺术博物馆东廊合影

师的方方面面无不体现着先生的悉心指导及无私帮助。的确，在我人生成长的过程中，无不渗透着恩师的心血和栽培！师恩如高山、师恩如流水，连绵不绝，永伴我前行！

197

三、朋友篇

在我读博士的时候，柳先生就反复给我说，我们之间有三重身份：师生、朋友、忘年之交。柳先生说，他比我们大约年长 30 岁，因此他与我们既是师生，也是朋友，更是忘年之交。因此，柳先生在与我们的交往中，既把我们当学生，也把我们当朋友。他经常与我们谈起他的一些往事（如"文化大革命"期间在江西的劳动改造等），也和我们一起分享他的成功与喜悦（1993 年获得国家自然科学奖二等奖）及其间发生的故事。在我们眼里，柳先生既是德高望重的长辈，也是可以

真心相交的朋友！遇到困难时我们也会向他倾诉或寻求他作为朋友的帮助。而先生对我们的关爱也是有目共睹的。记得我来清华读博不到一年时间，我的小孩就出生了。柳先生在鼓励我把心思放到做研究上的同时，在生活方面也非常关照我。他多次给我的小孩买了当时最好的雀巢奶粉，让我寄或带回家。在我博四不做助教的情况下，他还尽可能给我发补助，让我顺利完成学业。先生对我的爱护与照顾如戈壁中的涓涓细流、如冬日里的阳光时刻滋润并温暖着我！

在我留校工作的第一年，就遇上了实际困难。我的小孩由于疝气做了手术，手术后为了照顾得更好一些，我们决定把他及我的岳父岳母都接到北京，这样房子就成为我们急需解决的难题。当时我爱人还在中国科学院力学研究所读博，而我也留校工作不久，暂时还没有分到住房。那时还处于福利分房时期，学校会不定期地分批给教职工分房。记得，当时校房管处给了材料系（15 宿舍）一间房的分配权。这间房只是过渡房，即如果分给了教职工，而教职工在随后学校分房中分到了房，则此房要上交回学校，系里不再保留这间房的分配权。由于当时我的处境，就给系里写了申请，希望先借用此房以解燃眉之急。但由于当时系里留下的青年教师较多，大家都没房，所以把房分（或借）给谁？系里也很难办。当时系里主管分房的副主任提议，谁要这间房谁给系里交 8000 元，以示公平。我刚参加工作，没有积蓄，每月工资也就 800 多元，这笔钱对我而言也是一个大数目。当我把我的困难告诉柳先生后，柳先生二话不说，就替我交了这钱，解了我的燃眉之急。半年后（1999 年 7 月），学校给我分了三公寓的筒子楼改造房，我才把借的 15 宿舍房还给了系里，并把钱退还给柳先生。柳先生对我的慷慨和厚待让我感激涕零！

2001—2003 年，我到英国利物浦大学工程系做博士后研究工作。尽管我在国外工作，仍时常与柳先生保持 E-mail 联系。2002 年柳先生正好要到牛津参加国际会议，有机会到利物浦大学来顺访，柳先生就用 E-mail 告诉我。我看过 E-mail 后马上就着手订好了旅馆。柳先生如期而至，见到柳先生我非常高兴，也非常感谢柳先生能远道来看我。我所在组的 David Bacon 教授热情接待了柳先生，安排柳先生在系里做了学术报告，先生的精彩报告赢得在座师生的热烈掌声，尤其给予中国学生以巨大的鼓舞：中国学者一样可以做出出色的科研成果，赢得海内外学者的尊重！会后，Bacon 教授与柳先生和我一起共进午餐，并进行了亲切交谈。第二天，我们还一起参观了利物浦博物馆，了解了利物浦在英国作为港口城市的兴衰历史。期间我们从鸦片战争聊到了香港回归，并谈到中国的强大，必须靠国人的奋发努力。柳先生鼓励我要为国效力，我理解柳先生的深意是希望我能早日回国。先生不仅有着科学家放眼世界的胸襟，而且怀有一腔忧国忧民的爱国情结！先生常说："科学是没有国界的，但科学家是有祖国的，科学家应该为自己的祖国做贡献。"先生这样讲，也是这么做的。先生中年时被公派到美国 Caltech 做访问学者，在那里做出非常出色的科研成果，两年后按时回国继续在清华任教，为国效力。正是因为先生的正直人品及出色的科研工作，于 1993 年和 1999 年以第一作者两次获得国家自然科学奖，并于 1998 年当选为美国物理学会的会士（Fellow）。

199

柳先生也喜欢有机会带弟子们一同外出交流。2013 年上海大学准备成立材料高性能计算集成中心，并准备聘请柳先生出任该中心学术委员会主任。受上海大学罗宏杰校长的邀请，柳先生带着李家好、刘剑波和我一同前往上海大学交流。在这之前，我 3 月刚去南方出差，南方已呈现夏天的天气，穿衬衫就行。我回到北京，3 月 25 日就与柳先生一起飞往上海。因为我刚从南方出差回来，以为上海那里的气候也会较暖和，就没带冬天的衣服前往。没想到，刚到上海，就感受到了与北京 3 月一样寒冷的天气。我们一起出去时由于没穿冬天的衣服，我感到寒意逼人，不经意地打了一个寒战，柳先生见状，立刻把他的外套借给我穿，说他出来时多带了一些衣服。可见柳先生是多么的细致入微，对我的呵护让寒意尽散，带给我的都是温暖和感动！在交流期间，我们每个人都做了学术报告。在一个空闲的下午，柳先生以一个地道上海人的身份带我们去参观上海的市景。柳先生先带我们到繁华的商业街去购置著名的上海羊毛衫，我为自己和家人一共购买了三件，家人至今都赞不绝口！然后柳先生又帮我和剑波挑选了外套，我们都买了心仪的服装。接着，柳先生领我们去参观了他老家住地及他的中学旧址，并跟我们讲了他小时候一些故事及父母对他们的教育。他父亲是一位著名的雕刻师，家里并不富有，但对子女教育却十分重视。正是父母重教，子女争气，柳先生家出了两位院士。柳先生还领我们参观了上海西区的一些现代建筑。

　　到了吃晚饭时，柳先生请我们在静安区的一家时尚餐馆用餐，还专门点了一道著名的长江鲥鱼。鲥鱼非常名贵，柳先生讲，他们小时候，父母只有在过年时才会买上巴掌大小的一块鲥鱼回家过年。当服务员

2013 年 3 月上海静安寺前天桥上合影

从左至右为赖文生、柳百新、李家好

1998 年毕业季合影

从左至右为兰爱东、赖文生、柳百新、杨涛

给我们端上半条鲥鱼时，香气袭人，只见上面盖满酒糟，把酒糟拨至一边，即可食用。果不其然，鲥鱼肉质香嫩可口、回味无穷，是我吃过的少有美食之一。此行跟柳先生出来，让我们大开眼界、增长了见识！我们不仅与上海大学同行做了学术交流，而且观光了上海市容景观，了解了上海的历史变迁，也品尝了上海的美食。正是在柳先生这位朋友的引领下，一段难忘的旅程永远留在我们的记忆！每当想起来，总有一种温馨和感动！

一路走来，柳先生始终是我敬重和爱戴的良师益友！先生在为人师表、严谨治学和与人相处方面都为我们这些学生树立了榜样！他的敬业精神和教育理念，深刻影响着他的学生们。先生一直教导我们要老老实实做人，实实在在做事，并通过他自己的一言一行潜移默化地感染着我们。我们一定会以先生为楷模，积极投身到中国的教育事业中去。在此对柳先生多年以来对我的厚爱和帮助，我想表达我一直未能通过言语说出的心声：衷心感谢恩师为学生所付出的一切！师恩茵茵，永生难忘！

值此柳先生八十寿诞之际，谨以此文向先生表达崇高的敬意！并祝柳先生和师母福如东海、寿比南山！

2014 年 11 月

（注：赖文生，博士，曾任兰州大学讲师、清华大学副教授，现为清华大学教授）

日记里的柳先生

文 / 崔苑苑

我有一本厚厚的日记，记录了在清华园的日子，里面有个出现最多的词——"柳先生"。

2009.7.28

今天我的第一篇文章被接收了，当我看到编辑通知 E-mail 时，高兴得差点欢呼起来。"小崔，祝贺你！"听着柳先生的祝贺，我的心里既欢喜又惭愧。柳先生总是和我们说作为一名博士生，手里要有三件事情同时在做：一项实验在进行，一篇文章在撰写，一篇文章在审稿。而我由于自己的懈怠，第一篇文章从数据整理到最终发表，花了大半年的时间。其实我知道这只是一篇很小的文章，柳先生却为我前前后后修改了不下三次，从文章的框架结构到摘要里的每一个字，都凝聚着柳先生的心血。谢谢柳先生，总是鼓励我的每一次进步。

2011.6.15

我的文章被 APL 接收了！

其实在一个星期前，这篇文章是被 APL 拒稿的。当我逐条阅读审稿意见后，我发现审稿人犯了一个错误，审稿人没有看清文中一幅图的坐标数值，将一个小区域的计算模拟结果，认为是整个合金系统的全区域的结果，按照审稿人这样的理解，我的工作自然是不对的。

我叹了口气，把审稿结果告诉了柳先生，柳先生听完后笑着说："看来审稿人也粗心啦。没关系，我们给编辑写封信吧，解释一下，看看是不是请对方重新审稿啊。"我却打了退堂鼓："柳先生，算了吧，我投到其他期刊试试"，我低下头继续说："APL 的编辑和审稿人都是应用物理方面的专家，我只是一个研究生，要我指出他们的失误，是不是……"。听完我的话，柳先生收起脸上的笑容，语重心长地告诉我："小崔，你要记住一句话，科学面前人人平等，不能因为对方是大专家，你是学生，就自我贬低，这是不对的。"柳先生停顿了一会儿，似乎在等我想明白，然后他接着说："小崔，我们诚恳地向对方说明原因，尊重研究事实，也是对自己研究工作负责呀。"在那一瞬间，我真的明白了，我抬起头说："柳先生，我明白了！"柳先生的脸上露出了欣慰的笑容。

在后来的几天里，我鼓起勇气给 APL 的编辑写了一封邮件。在邮件发出之前，柳先生多次为我修改邮件的措辞，让邮件读起来既诚恳又坚定。6 月 14 号早上，我把这封邮件发给了 APL 的编辑，没想到一天之后就收到回复！编辑和审稿人在邮件中对自己的失误表达了歉意，对我们工作给出了很高的评价，直接接收发表了。看着编辑的邮件，我满心喜悦，耳边又响起柳先生的教诲"科学面前，人人平等"。

2011.7.23

"本台最新消息，今天 20 点 30 分左右，北京南站开往福州站的 D301 次动车组列车运行至永嘉站至温州南站间双屿路段，与前行的 D3115 次动车组列车发生追尾事故，后车四节车厢从高架桥上坠下。

事故目前造成数十人死亡，百余人受伤……"我惊呆了，因为我刚把一张火车票放进行李包，车票上写着"2011 年 7 月 24 日，D301 次，北京—福州"，这是我暑假回家的车票。

电话响了，传来柳先生急切的声音："小崔，你在哪里？还在学校吗？"

我："柳先生，我在学校的。"

柳先生的声音立刻放松下来："那就好，那就好。我刚看到新闻，说动车追尾了。我心里咯噔一下，我知道你也是坐这趟车的，赶紧给你打电话。"

我："柳先生，我的车票是明天的，万幸，没有买今天的。"

柳先生："小崔，这样吧，你坐飞机回家吧，这样安全些，机票的事让秘书小牛帮你办理。"

在柳先生的关心下，我退掉火车票改乘飞机回到了久违的家。刚进家门，手机铃就响了，亲切而熟悉的声音传来："小崔，你平安到家了吧？""是，平安到家！"我激动地回答，接着眼眶就湿润了……这就是我的导师，可亲可敬的柳先生，时刻心系学生的柳先生。

2012.3.25

一年一度的学院课题组羽毛球赛拉开序幕了，各个课题组展开了激烈的角逐。我们课题组自然不能示弱，所以早早就组建了参赛的队伍。在赛场上，师弟出色的扣杀球为我们争夺了不少比分，师妹严密的防守技术多次让局势化险为夷，最终我们课题组齐心协力地捧回了二等奖。当柳先生看到我们红艳艳的大奖状时，满脸的欣喜，他动容地回忆起自己初入清华园时，在忙碌的课程学习外，还是清华大学羽毛球队的队员，在赛场上挥汗如雨的日子，他收获了强健的体魄和豁达的胸怀，最后柳先生笑眯眯地说："哎呀，可惜现在倪老师不让我打球了，要不然就和你们一起挥拍子去。"引得我们哈哈大笑。

2013.5.22

今天是我博士论文答辩的日子，一切都进行得很顺利，当答辩进入尾声时，我满含深情地说到："衷心感谢我的导师柳百新院士多年的悉心培养，在这些年中，柳先生教我做科研，教我为人处世的道理，更教我热爱科学，热爱我们的国家。在我遇到困难举步不前的时候，柳先生给予了我最大的帮助，我……"说到这里，我哽咽了，然后深深地鞠躬，台下一片掌声。在泪光中，我看到柳先生面带微笑，轻轻颔首。

五年的时光如白驹过隙，细细想来却历历在目，每次外出开会，柳先生总会打电话提醒我们带好证件，安全出行；每次看到柳先生在清晨五六点发来的邮件，总会惭愧于自己的懒散和懈怠；每次和柳先生讨论问题，总会带回画满思路的稿纸和崭新的启发。柳先生书桌上的台历年年翻页，那支木质笔筒依然如故，我想，它们都记得这些，都记得我是多么幸运，能成为柳先生的学生。桃李不言，唯愿先生永远幸福安康！

（注：崔苑苑，2013 年博士毕业，现任上海大学材料科学与工程学院讲师）